Frido Hütter

Der Sonntag mit Linde

Neue Streifzüge im Irgendwo

Frido Hütter

Der Sonntag mit Linde

Neue Streifzüge im Irgendwo

KLEINE ZEITUNG
EDITION

Impressum

Projektleitung: Carina Kerschbaumer

Fotografen: Gery Wolf (Cover, S. 128, 158); Fotolia (S. 8, 28, 46, 54, 62, 68, 76, 88, 100, 122); Ernst Weingartner (S. 16); APA: Manfred Fesl (S. 22), James Elsby (S. 34), APA: Patrik Stollarz (S. 40), K.K. (S. 92); Helmut Utri (S. 108); Coca Cola (S. 140); Frido Hütter (S. 146-147)

Lektorat: Anneliese Kainer

Layout und Umschlag: Styria Media Design – m4! Mediendienstleistungs GmbH & Co KG, Tom Wagner

Herstellung: Druck Styria GmbH & Co KG

Anzeigen und Marketing Kleine Zeitung GmbH & Co KG
A-8010 Graz, Gadollaplatz 1

ISBN 978-3-902819-75-8

Inhaltsverzeichnis

Für Eva und Felizitas

„Stell Dir vor,
Du gehst in Dich –
und keiner ist da“

(Autor unbekannt)

Großbritannien schlägt die Türe zu Europa zu, jammerschade!

Der Duft von Himbeere und Haschisch

England kann aus der EU austreten.
Aus meinem Herzen entkommt es nicht.

Ach England, Du warst meine frühe Geliebte. Als ich dreizehn war, begannen Musikanten wie die Kinks, Manfred Mann, die Stones und natürlich die Beatles Dich in meiner Seele schönzuspielen. Weg war auf einmal die Aura von Dauerregen und sommerlichem Herbstnebel.

In der damals bei uns noch recht biederen Zeit war die Carnaby Street mit ihren rotzfrechen Modefetzen ein Elysium für uns graue Mäuse. Sakkos mit Union-Jack-Muster, runde Nickelbrillen und bauschige Federboas schienen mir wunderbare Banner eines diffusen Protests.

1967 war es dann so weit. Im Summer of Love scholl Scott McKenzies „San Francisco“ durch alle Sphären. Und natürlich „All You Need Is Love“ von den Beatles, das ausgerechnet mit den markanten ersten Takten der Marseillaise, der Nationalhymne des ehemaligen Erzfeindes Frankreich, eingeleitet wurde.

Und ich zum ersten Mal in London. Die Stadt war total jung, total hip und der brachiale Raubtierkapitalismus der City von heute noch in weiter Ferne. Die Welt schien vorerst erobert zu sein.

Bis dahin meinte ich, Englisch passabel zu sprechen und vor allem zu verstehen. Bis ich einen Londoner nach dem Weg fragte.

Ich: „Excuse me, Sir, could you tell me the next way to Shaftesbury Avenue?“ Darauf er: „Shatsbry Aenu? You wok roi a e strieet, a the trafilghts you turn har u your lef, you ca missit, oy.“

Tiefes Cockney, der Dialekt der Londoner Unterschicht. Dass ich die Straße dennoch fand, war meine Art zweite Englisch-Matura.

In einem Pullmannzug reiste ich dann nach Leeds und kam aus dem Staunen nicht heraus. Herrlich gepolsterte Sitze, individuelle Leselampen und Räucherfisch zum Frühstück. Solche Annehmlichkeiten auf Schienen sollte ich danach lange nicht mehr erleben.

In Leeds nahm mich eine sehr liebe Mittelstandsfamilie namens Dunning in Obhut. Mein Brieffreund Brian erwies sich als frommer Methodist, ich hielt mich bald an seinen älteren Bruder Alan, der hatte eine tolle Beatles-Frisur und lachte mehr. Die eher trübe Atmosphäre der Industriestadt wurde durch den Umstand egalisiert, dass am Ende unserer Gasse eine Marmeladenfabrik in Betrieb war, in der an jedem Wochentag eine andere Sorte abgefüllt wurde, was immer eine stundenlang währende Duftwolke zur Folge hatte. Mein Favorit, Himbeere, kam jeweils mittwochs in die Gläser.

Bei den Dunnings lernte ich, beim Essen meinen Kaugummi im Mund zu behalten, weil ihr Tisch auch auf der Unterseite mit Filz gefüttert war und ich mir den üblen Brauch, den Batzen dort anzukleben, versagen musste.

In Leeds lernte ich noch andere Dinge:

... dass Toast mit gesalzener Butter wunderbar schmeckt,

... dass man sich an eine Hefeschmiere namens Marmite bis zur Sucht gewöhnen kann,

... dass saure Zwiebeln mit Cheddarkäse als Ploughman's Lunch ziemlich gut zusammengehen,

... dass ein Ganztagscollege eine sehr gute Alternative zum gedrängten Stundenstakkato heimischer Gymnasien ist und

... dass ein methodistischer Sonntagsgottesdienst mehr einem freundlichen Nachbarschaftstreffen als einer katholischen Messe gleicht.

Die Dunnings nahmen mich mit in ihren Urlaub in Swanage, einem wunderbaren Städtchen am Meer mit einem weitläufigen, von mächtigen Kreidefelsen gesäumten Sandstrand. Und während Freund Brian auch hier unentwegt die Bibel analysierte, widmete ich mich dem Studium etwa gleichaltriger Engländerinnen, woraus ein paar neue Freundschaften entstanden. Und das gleich vor Ort, ohne langwierige Briefschreiberei.

Aber wirklich verliebt habe ich mich damals in keines der Mädchen, nein, es musste gleich das ganze Land sein. Nur ein Jahr später war ich wieder in Swanage, bekam einen Job als Beachboy, schleppte Boote zum und vom Wasser, kassierte die Liegestühle ab und trug verirrte Kleinkinder so lange auf den Schultern den Strand entlang, bis irgendeine maßlos erleichterte Mutter auf mich zustürzte.

Flirtmäßig waren wir Beachboys enorm im Vorteil. Wenn, meist sonntags, weibliche Neuankömmlinge, erkennbar an ihrer völlig ungebräunten Haut, die Deckchair-Tickets lösten, waren wir schnell mit guten Tipps und Ratschlägen bei der Hand und boten uns für das

– durchaus übersichtliche – Nachtleben in Swanage als vertrauenswürdige Führer an. Daraus entstanden dann noch mehr Freundschaften. Manche sogar mit einiger Briefschreiberei hinterher.

Wir Beachboys waren eine wunderbare Bande. Smutch, Martin, Colin, Brian, Neil. Bis auf einen, David, der trotz tellergroßer Schweißflecken unter den Achseln das Uniformjackett nie ablegte, mit blasierter Miene die Times las, sich anders als wir nicht im Geringsten für Mädchen interessierte; dann und wann ließ er ein ebenso blasiertes: „Actually, it's all not so important" hören.

Später sollte David britischer Kulturminister werden und ausgerechnet über eine außereheliche Affäre mit einem Model stolpern. Na ja, dank seiner juvenilen Askese in Swanage hatte er einiges nachzuholen.

Zumal wir unser durchaus akzeptables Salär abends im White Horse gerne in Cocktails für unsere Schutzbefohlenen oder in diverse Bier- und Whisky-Varianten und manchmal in Haschisch investierten, blieb unsere feste Nahrung kärglich. Wir kauten Chip Butties, eine kalorienreiche Perversion, für die so viele Pommes frites wie möglich zwischen zwei gebutterte Toastscheiben gestopft werden. Proteine holten wir uns mit Scotch Eggs. Das sind hart gekochte Eier, umhüllt mit faschiertem Fleisch, das wiederum von einer Bröselpanier umschlossen ist. Mit zwei dieser Eier konnte man den Hunger eines ganzen Tages stillen.

Mein Glück wollte, dass Cousine Hermi aus dem steirischen Preßguts zuerst nach Yeovil und später ebenfalls nach Swanage übersiedelte. Der Liebe wegen, versteht sich. Ihr Gemahl John erwies sich als humorvoller und enorm gutmütiger Mann, was in den folgenden Jahren eine sommerliche Belagerung durch mich und meine Schwester zur Folge hatte.

Als kleinen Dank gaben wir, bewehrt mit Akkordeon und Gitarre, auf Wunsch von Hermi und Johns Freunden immer wieder „Edelweiß" aus dem damals enorm erfolgreichen Film „The Sound Of Music" zum Besten.

Und irgendwann dementierten wir auch die Irrmeinung nicht mehr, dies sei die österreichische Bundeshymne. Ach, was wurden wir nicht von England und seinen Menschen gelobt und geliebt.

Ich habe gefühlte zwei Dutzend Mal den Ärmelkanal überquert. Auch unsere Hochzeitsreise musste nach England gehen. Bis meine Frau mir eines Tages eröffnete, ich könne gerne bis ins Rentenalter dorthin reisen, sie aber habe nun das Königreich Nepal im Visier. Da schloss ich mich an. Unterm Himalaja bin ich von meiner Anglomanie genesen und musste nicht mehr jährlich hin. Wirklich geheilt bin ich nicht.

Meinen Freund und Kollegen Bernd hatte es noch schlimmer erwischt. Jahrelang litt er unter so akuter Anglitis, dass sogar ich ihn damit neckte. Bis er mir stolz erzählte, der Bann sei gebrochen, diesmal gehe es in die USA. Und dort wohin? Raten Sie: nach New England!

Mein England, Du kannst aus der EU austreten, aus Europa und meinetwegen aus der ganzen Welt. Aus meinem Herzen entkommst Du nicht!

Mannerschnitten und Schwedenbomben: Naschwerke für die Ewigkeit

Das Brot der Trostbedürftigen

Es gibt Erinnerungen von Zunge und Gaumen, die ein Leben lang bestehen bleiben.

Ich gestehe, erst einmal aus einer Dose Red Bull getrunken zu haben. Doch beinahe wäre ich Stammkunde geworden. Und das ging so: In den halbwegs seligen Tagen meiner Kindheit gab es Brausewürfel, die Clio hießen. Sie kamen im Doppelpack, der bunte Würfel enthielt die Geschmacksnote, der weiße den Kohlensäuretreibsatz. Es schmeckte himmlisch.

Nun war da dieses neue Getränk, das laut Werbung Flügel verlieh, die zumindest mich sechzig Lebensjahre zurücktrugen. In eine Zeit, in der das Angebot an Genussmitteln noch sehr übersichtlich und ihr Erwerb für Kinder mit gewissen Anstrengungen (brav sein oder so) verbunden war. Und nun war dieser Gaumenkitzel zurück und für mich (ganz ohne brav sein) an jeder Tankstelle zu haben.

Doch dann setzte das Rechnungswesen in meinem Kopf ein. 50 Groschen, wohlwollend umgerechnet vier Cent, hatte eine Portion Clio gekostet, die Dose Red Bull hatte ich um 2,20 Euro erstanden. Das bedeutet eine 55-fache Preissteigerung. Daraus erwuchsen mir zwei Erkenntnisse: erstens, warum der geniale Dietrich Mateschitz so sagenhaft reich geworden ist. Und zweitens, dass Nostalgiegebühr manchmal zu hoch ausfallen kann.

Vermutlich hängt man auf immer an den ersten Gaumenfreuden seines Lebens. Das erklärt auch, warum die Facebook-Fangemeinde zur Rettung der vom Aussterben bedrohten Niemetz-Schwedenbomben am Höhepunkt von deren Krise innerhalb weniger Tage auf fast 30.000 Mitglieder angewachsen war. Sie verteidigten, möglicherweise auch unbewusst, ein Stück Kindheit. Eine

Zeit, in der die Sommer endlos schienen und in der man noch auf Gewissheiten zählen konnte. Die sogenannte „gustatorische Wahrnehmung" ist das geschmeckte Echo dieser Zeit.

In direkter Verbindung dazu steht auch die Konsistenz der Naschwerke und Leckerbissen. Folgen Sie mir auf eine sentimentale Tour zu den Köstlichkeiten der Kindheit, ohne Rücksicht auf Karies und Nährwert.

Das Kirstein Blockmalz, längst verwichen, war eine zweischneidige Sache. Es schmeckte zwar nicht übel, hatte aber irgendwie ein biederes Bibelstunden-Image und war noch wegen seines Formats ein Geröllbrocken im Kindermund.

Den Manja-Riegel, kurzfristig gemeinsam mit der Schwedenbombe in Lebensgefahr, mochte ich zu allen Zeiten nicht. Für mich schmeckte er wie süßes Schmalz. Dann schon eher „Negerbrot" (ja, so hieß es damals nun einmal), eine feste Milchschokolade, in die reichlich Erdnüsse eingegossen waren.

Es gab auch Produkte, die wir ob ihrer Darreichungsform mochten: das PEZ-Zuckerl aus den Einzelspendern, die alsbald diverse Disney-Figuren zierten und so zu echten Sammlerstücken wurden. Eduard Haas, der sie 1949 erfand, wollte damit eigentlich eine Alternative zur Zigarette schaffen. Hat leider bei mir nicht gewirkt.

Ja, und die Bensdorp-Schokos in blauen und grünen Schleifen. Ohne oder mit Nuss. Ein Schilling die schmale Version, zwei der etwas massivere, wandertagstaugliche Block. Die Schleifen sammelten wir eifrig zwecks Erwerb einer Gratistafel, das Stanniol für Afrika zu einem mir nicht mehr erinnerlichen Zweck.

Für die noch sehr Kleinen war das Firnbonbon eine gewisse Herausforderung: Erst nach Überwindung der scharfen Mentholhülle gelangte man an den schmeichelweichen Schokokern.

Als quasi All-Age-Naschwerk darf die Mannerschnitte durchgehen, die real existierende Legende aus Wien. Ihre dichte Verpackung garantierte schon damals das einzigartige Knistern beim Zubeißen; der listige Einsatz von Vanillearomen hat Suchtpotenzial. Für mich ist und bleibt die Mannerschnitte das Brot der Trostbedürftigen.

Ganz anders die Haribo-Gummibären: Ihre elastische Konsistenz bietet Kindergebissen spielerischen Widerstand. Lange bevor Thomas Gottschalk sich mit ihnen eine goldene Nase verdiente, brachten wir sie fröhlich schmatzend um Kopf und Kragen.

Von zäherem Kaliber waren die Manner-Stollwercks, einst so populär, dass sie bei Kleinstbeträgen als Wechselgeld (zehn Groschen) dienten. Gerieten sie in eine Zahnlücke, war diese stundenlang und meist schmerzhaft plombiert.

Wild war das Getümmel auf dem Limonadensektor: Marken wie Chabesade, Libella, Bluna etc. kamen und gingen. Frucade wurde im ORF durch Hermes Phettberg zu neuem Chic reanimiert. Geradezu heroisch hat sich Almdudler gehalten, seit je mein persönlicher Favorit. Bis heute hilft er mir über den Umstand hinweg, dass es keine Clio-Brause mehr gibt.

Adolf Hitlers Geburtshaus in Braunau.

Ich sag Servus, sie sagt Tschüss

Notizen zum schwierigen Verhältnis Österreichs zu Deutschland.

Wann das Verhältnis Österreichs zu Deutschland zum Verhängnis wurde, lässt sich nicht so genau sagen. War es 1914, als der deutsche Kaiser Wilhelm als stürmischer Unterstützer und Kriegstreiber an die Seite Habsburgs drängte? Oder war es der Umstand, dass die Wiener Kunstakademie einem 17-jährigen Oberösterreicher die Aufnahme verweigerte und selbiger dann statt ein mittelmäßiger Maler zum konkurrenzlosen Massenmörder wurde? Als er 1938 schwer bewaffnet und dennoch teils freudig begrüßt zurückkam, hatte er mit Malen nichts mehr im Sinn. 1938 meldete Adolf Hitler auf dem Heldenplatz „vor der Geschichte nunmehr den Eintritt meiner Heimat in das Deutsche Reich".

Davon haben wir uns fast nicht mehr erholt. Sieben Jahre und rund 62 Millionen Tote später rächte sich Kleinösterreich an Großdeutschland: Als „erstes Opfer von Hitlers Aggression" log es jahrzehntelang jegliche Mitschuld weg. Dass Adolf Hitler aus Österreich gekommen war, um in Deutschland die Massen zu fanatisieren, konnte zwar niemand bestreiten, aber Braunau liegt ohnedies hart an der bayerischen Grenze.

Nach dem Tsunami von Gewalt und Wahnsinn gingen beide Seiten ein wenig auf Abstand. Doch waren uns die Deutschen fortan irgendwie überhaupt suspekt, wir fanden keinen rechten Umgang mit ihnen. Ihr Wirtschaftswunder der frühen Fünfzigerjahre, ihre damals viel höheren Löhne und ihre Neigung, dieses Geld als Urlauber in Österreich auszugeben, setzte eine Mischung aus Neid, Bewunderung, aber auch Unterwürfigkeit frei.

Man könnte sagen, der Österreicher brachte dem Deutschen begehrliche Verachtung entgegen. Kaum kehrte uns der willkommene Urlaubsgast den Rücken, war er der Piefke. (Laut Wikipedia liegt der Ursprung des Begriffs im Slawischen und kommt von Pivo/Bier.) Der deutsche Begriff für uns, Ösis, klingt dagegen fast wie ein Kosename.

Beide Seiten formten wechselseitige Klischees. Der Deutsche: effizient, humorlos, kühl, unflexibel. Der Österreicher: schlampig, gefühlvoll, schmähführerisch, unentschlossen.

Als der damalige Bundeskanzler Bruno Kreisky einmal gefragt wurde, warum er so gerne ins Bayerische zur Kur fahre, brachte er das ambivalente Verhältnis der beiden Gesellschaften sehr elegant auf den Punkt: „Da bin ich nicht mehr in Österreich und noch nicht in Deutschland."

Den Deutschen blieb der Fußball, um das Alpenvolk ausdauernd zu demütigen: Von den 38 Länderspielen der letzten 100 Jahre haben die Österreicher nur acht gewonnen. Und wenn das einmal der Fall war, wie etwa im argentinischen Córdoba 1978, durfte der ORF-Reporter stellvertretend für die Nation „narrrrrrrrrrrrisch!!!!" werden, und Hans Krankl, der Schütze des entscheidenden Tors, genießt seither als Goleador Legendenstatus.

Die Deutschen indes taten uns nicht den Gefallen, die Niederlage als ihr Amselfeld zu empfinden, und geben uns seit damals regelmäßig eines auf die Mütze. Irgendwie fast nebenbei, so wichtig sind wir nun einmal nicht.

Die größte Kluft zwischen Österreich und Deutschland besteht übrigens zwischen Selbst- und Fremdwahrnehmung. Die Ösis, im Krisenfall immer bereit, sich politisch ins Kindchenschema („Wir sind ein kleines Land") zu flüchten, überschätzen das deutsche Interesse an ihnen gewaltig. In der Tat sind die Franzosen, Holländer, Spanier, Briten, Polen etc. für Deutschland ungleich wichtiger als Österreich. Stolz, wenngleich auch nicht glücklich, kann Österreich der Personenverkehr im Dienstleistungssektor machen: Auf unserer Import-Seite findet sich vor allem Gastronomiepersonal, womit nichts Böses gegen all die höflichen und leistungsbereiten Damen und Herren gesagt sein soll.

Österreich indes exportiert massenhaft Spitzenkräfte, die Gerhard Zeiler, Brigitte Ederer, Markus Peichl, Lukas Kircher, Frank Elstner, Helmut Thoma, Birgit Minichmayr, Sophie Rois, Martin Kušej, Nikolaus Bachler, Peter Löscher, Eckart Witzigmann, Johann Lafer, Martin Harnik, David Alaba, Marko Arnautović oder sonst wie heißen. Treffend boshaft drückte es der große Essayist Helmut Gansterer bei einem Porsche-Jubiläum aus, als er sagte: „Der Porsche 911 ist ein österreichischer Schuh, den die Deutschen seit einem halben Jahrhundert polieren."

Gemessen an dem eingangs erwähnten Braunauer ist unser Export jedoch enorm klüger und menschenfreundlicher geworden. Das sollte uns Ösis erfreuen und entspannen. Am besten nehmen wir Maß an einer Textzeile der Band DÖF (Deutsch-Österreichisches Feingefühl). Die sangen schon in den Achtzigerjahren: „Ich sag Servus, sie sagt Tschüss, ich lieb ein deutsches Mädl." – Also, tschüss euch mit'nand!

Strandszene in Goa, dem Land der freundlichen Spinner.

Erlöste im Magic Park

Von Menschen und Momenten in Goa.

Diese Russen! Erst kamen sie, um bei uns Yoga zu lernen, jetzt unterrichten sie ihre Landsleute, die als Touristen kommen, selbst", sagt Tourguide Benjamin Pereira, halb ärgerlich, halb anerkennend. In Goa begegnet man den Untertanen Wladimir Putins allerorten; viele Strandrestaurants haben Werbetafeln und Speisekarten in kyrillischer Schrift. Aber was soll's, die Goaner sind ohnedies irgendwie Fremde im eigenen Land. Durchaus mit Stolz: „Es gibt Inder und es gibt Goaner", klärt Mr. Pereira die Verhältnisse. Und es entkommt ihm dabei kein Augenzwinkern. In der Tat: Alkohol ist hier auch außerhalb der Gastronomie kein Tabu, Katholiken und Hindus leben weitgehend friktionsfrei zusammen und das Drogenproblem ist halbwegs eingedämmt.

Die ehemalige Sandkiste der Hippieszene ist zu einer Art indischem Mallorca für den internationalen Tourismus geworden. Und das Rauschen der Palmenhaine am Strand wird vom Wummern einer permanenten Großraumdisco übertönt. Dennoch: Indien zeigt sich in Goa von seiner lebensprall freundlichen Seite. Tausende Verkaufsstände, Cafés, Restaurants etc. finden sich entlang der rund 170 Strandkilometer. Touristen und Langzeitansässige aus Europa fahren auf Mofas durchs Hinterland. Am Strand von Calangute mahnt ein Schild, Folgendes zu unterlassen: Rauchen, Alkohol trinken, Müll hinterlassen, Kinder schänden. Die ersteren drei Verbote werden nur partiell eingehalten, das letzte hoffentlich total.

Indien ist fantasiereich bei der Regelerstellung, die Inder fantasievoll beim Regelbruch. So dümpeln in der Mündung eines Flusses etliche Casinoboote. Per Gesetz wäre der Glücksspielbetrieb nur auf dem offenen Meer erlaubt; da die Kähne aber ihrer materiellen Verfassung nach nicht seetüchtig sind, rollt die Kugel halt in der Flussmitte.

Aber alles in allem geht der Betrieb in Goa eher sanft ab. Grund genug für manche Europäer, hier zu überwintern. Das österreichische Künstlerpaar Hedi Wasserthal und Günter Schimunek zum Beispiel kommt seit über 30 Jahren hierher. Begonnen haben sie mit einer Hütte, mittlerweile ist ein schönes Appartement in einem ruhigen Viertel von Calangute zwischen November und März ihr Winterquartier. „Ich arbeite hier intensiver als daheim", sagt Schimunek. Gefährtin Wasserthal, eine Doyenne der Glasmalerei, gönnt sich indes eine schöpferische Pause.

Nebst dem sympathischen Klima gibt es auch gute ökonomische Argumente für einen Winter in Goa. Wasserthal und Schimunek zahlen für ihr Quartier umgerechnet neun Euro pro Tag. Die geringen Lebenshaltungskosten egalisieren Flug und Miete fast vollständig. Wer möchte, kann sich auch in Goa dem Strandbetrieb entziehen und im ruhigeren Hinterland siedeln. Speziell im Süden.

Und wenn man die ohnedies sehr günstigen Restaurantbesuche durch eigene Küche kompensiert, kommt man mit etwa zehn weiteren Euro täglich prächtig über die Runden. Zahlungskräftigere Wintergäste können eine der vielen angebotenen historischen portugiesischen Kolonialbauten mieten. Oder gleich die Luxusvilla in Palolem um schlappe 7000 Euro die Woche.

Aus den Horrorgeschichten von vergewaltigten Frauen blieb Goa bisher weitgehend ausgespart, allerorts sieht man sie zu Fuß oder auf Mopeds allein unterwegs.

Natürlich gibt es, wie an den meisten touristischen Hotspots, diverse Kleinkriminalität.

Ganz im Norden Goas hat sich Angela Clarke, aus Indien gebürtige Britin mit österreichischem Pass, angesiedelt. Hier in Arambol wimmelt es von sehr Erlösten. Im Magic Park, einem lauschigen kleinen Gartenrestaurant (im Besitz zweier Niederösterreicher), trifft sich die Szene bei vegetarischen oder veganen Leckereien und jeder Menge Literatur von Osho, früher als Bhagwan Sree Rajneesh bekannt. Hier blieb er offenbar über den Tod hinaus wirksam.

Von einem großflächigen Paravent geschützt, findet eben einer der zahlreichen Tanzkurse statt. Zu milder Musik wiegen einander westliche Frauen, Bewegungen in Zeitlupe, Emotionen vermutlich Highspeed. Im Magic Park werden allerlei sensorische Abenteuer angeboten: Yogaheilungen, Mandala Tempeltanz, Göttliche Körperarbeit, Vollmond-Schwitzhütte. Ein paar Kilometer südlich betreibt ein sibirisches Schamanenpaar ein mittlerweile sehr beliebtes Freilufttheater, in welchem Drama, Musik, Tanz geboten werden. Einwöchige Gitarrenbaukurse kann man ebenfalls buchen. Goa ist ein Labor des Kreativen.

„Hi, Angie, how are you today?“, flötet eine grazile alte Dame. Wie uns Angela später erzählt, ist es eine Contessa, die in der Nähe Mailands über einen stattlichen Ansitz verfügt, den Winter aber seit über zwanzig Jahren in Arambol verbringt. „Am Morgen meckern sie und ihre Freunde am Strand mit Osho-Gesängen“, sagt Angela, „danach ist sie den ganzen Tag frohmütig“.

Angela Clarke selbst hat sich am Rande von Arambol ein Haus im Grünen bauen lassen, eine stattliche Villa, für deren 15 Jahre währende Nutzung inklusive Weitervermietungsrecht sie umgerechnet 20.000 Euro bezahlt hat. Sie hat schon einige Bücher des Märchen-Fürsten Folke Tegetthoff illustriert. In ihrem Haus gibt sie nun Kindermalkurse, Englischunterricht oder stellt es für Musikabende zur Verfügung.

Tochter Natascha, Schmuckdesignerin, und Enkelin Justy sind nur hundert Meter weiter im Winterquartier. „Ich habe hier alles, was ich brauche und was ich mir wünsche“, lächelt Angela Clarke, „und ich lebe jetzt.“ – Glücklich, wer so etwas von sich sagen kann.

Mick Jagger: Sex, (no more) Drugs & Rock'n'Roll.

Der rüstige Ritter

Narziss und Goldmund. Mick Jagger, dem offenbar ewig Unalten zum Siebziger.

Wie sagten sie damals in den Sechzigern? „Live fast, die young!" – Lebe schnell, stirb jung. Janis Joplin, Jimi Hendrix, Jim Morrison und andere haben sich daran gehalten. Sie dröhnten sich mit eben einmal siebenundzwanzig in die ewigen Rockgründe. Auch ein ehemaliger Rolling Stone folgte der Devise: Brian Jones starb 1969, ebenfalls nur 27 Jahre alt.

Es scheint, dass damals ein Quäntchen Verstand jene rettete, die heute noch am Leben sind. Zum Beispiel Mick Jagger und Keith Richards. Letzterer ist vor allem ein Leistungsbeweis der modernen Medizin. Jagger indes, der schon heute 70 Kerzen auf der Torte ausblasen darf, ist ein role model für totale Fitness im höheren Alter geworden. Ein Buddhist und ernährungsbewusster Nichtraucher, praktizierender Alkoholskeptiker, nimmermüder Dauerläufer und froher Sperminator. Mindestens acht Kinder mit vier Frauen entsprangen seinen Lenden: Karis, die Älteste, wird heuer 43, Lucas Maurice gerade einmal 14.

Sir Michael Philip Jagger, Ritter des Britischen Empire und Chef der erfolgreichsten Rockkapelle der Welt, ist ein Januskopf. Ein Mann, der zwei, scheinbar sehr gegensätzliche Seiten in sich vereint: den glamourösen Jetsetter und den ewigen Rebellen. Als sein Konterfei Anfang der Sechzigerjahre in den Medien auftauchte, waren die Mädchen erotisch berauscht und wir Buben erlöst. Denn mit seinem Schmollmund und dem Engelshaar hatte uns Jagger gezeigt, dass man nicht mehr ein viriler Knochen wie John Wayne oder Steve McQueen sein musste, um in der Damenwelt zu reüssieren. Wir liebten ihn dafür neidvoll. Gleichzeitig war er von erfrischender Renitenz: Während ein Paul McCartney mit seinen Bambi-Augen auch die Müttergeneration bezauberte und John Lennon mit seinem hintersinnigen Sarkasmus auch die Intellektuellen für sich gewann, waren Jaggers Anblick und Auftritt anarchistischer Sex pur. Er malte sich an wie ein käuflicher Transsexueller, ritt auf Riesenpenissen über die Bühne und ließ uns in verbindlichem Ungestüm wissen, dass ab jetzt alles erlaubt sei, was bis dahin verboten war. Und davon gab es damals jede Menge.

Jagger saß ein paar Tage im Gefängnis. Einer wie er arbeitete sich nicht an kühnen Bekanntheitsvergleichen mit Jesus Christus (Lennon) ab, sondern nahm eher die Zahl seiner Bettgefährtinnen als Maßstab seiner Macht.

Das lag auch daran, dass Mick Jagger immer schon unglaublich charmant sein konnte. Die beim Lächeln geschürzten Lippen und die bereits in jungen Jahren markanten Krähenfüße neben den Augen wirkten unwiderstehlich, nicht nur auf Frauen. Keith Richards' Gesicht war damals drogenbedingt zu einer ausgemergelten Maske erstarrt; er lebte tatsächlich etwas, das Mick Jagger nur darstellte: den radikalen Rock'n'Roller, der für den Rausch und die Musik alles, fürs Überleben recht wenig gibt. Er garantierte den Stones stets eine Aura der Gefährlichkeit.

Schon damals waren die beiden ohne den jeweils anderen nicht denkbar. Zum einen als Kompositeure markanter Songs, deren erste drei, vier Töne meist von Richards stammten. Zum anderen als Proponenten zweier Welten, deren Summe erst das Massenphänomen Rolling Stones ausmachte. Hier Keith, der Mann am Abgrund, und dort Mick, der eloquente Testosteron-Dandy und Geschäftsmann. Das hatte auch materielle Konsequenzen. Während Richards jahrelang und letztlich wohl erfolgreich seine Drogensucht bekämpfte, nahm Jagger die wirtschaftlichen Belange in die Hand. Er engagierte den Bankier Prinz Rupert Loewenstein, der ab den Siebzigerjahren aus der konkursreifen Weltkapelle eine finanziell solide basierte Millionärscombo machte.

Mick Jagger ist der künstlerisch variantenreichste Stone: Er nahm Musik mit verschiedensten Kolleginnen und Kollegen auf und versuchte sich auch als Filmproduzent und Schauspieler. Mit eher mäßigem Erfolg, allenfalls seine Darbietung in Nicolas Roegs Kultstreifen „Performance“ (1970) blieb in Erinnerung. Seine bisher vier Soloalben waren trotz prominentester Mitmusiker Ladenhüter, jene von Keith Richards ebenso. Die beiden sind in einer Art chemischer Reaktion aufeinander angewiesen. Jeder für sich ein passabler Musikant, zusammen sind sie ein unvergleichliches Erlebnis. Für sie gilt die Formel: 1 + 1 = 3.

Damit das so bleibt, haben die beiden nach jahrelangen Sträußen einen Modus Vivendi gefunden: Privat hält man Distanz, auf der Bühne zeigt man sich vereint. Und wenngleich beide in einer Weltmeisterschaft der Gesichtsfalteninhaber gute Chancen auf eine Stichwahl hätten, zeigten sie sich erst kürzlich bei Konzerten erstaunlich fit. Richards, so ein kundiger Besucher, habe zwar mittlerweile an den Händen Anzeichen von Arthritis, Jagger indes absolvierte seine üblichen Bühnenkilometer olympiaverdächtig. Sein fast tägliches Ballett-Training zeigt offenbar noch immer Wirkung.

Ja, so können heute Großväter aussehen. Mick Jagger gratulieren wir zum reschen Siebziger und dazu, die Welt um acht anmutige Menschen bereichert zu haben. Und auch zum Beweis, dass böse Buben rüstige Ritter und muntere Millionäre werden können. Alles Gute, Sie unalter Jüngling!

Superstar Ronaldo – ohne sein Team ein Niemand.

Eine Vorform von Frieden

Plädoyer dafür, warum einen
Fußball nicht einmal interessieren muss,
um ihn dennoch zu lieben.

Als Fußballfan bin ich ein Versager. Ich habe kein einziges Qualifikationsspiel für die Europameisterschaft 2016 gesehen. Und im Wiener Ernst-Happel-Stadion war ich nur zweimal im Leben. Beide Male bei den Rolling Stones. Aber ich liebe Fußball.

Sie meinen, das sei ein Widerspruch? Nein, ist es nicht. Es lohnt sich, eben aus weitgehend emotionsfreier Position einen näheren Blick auf diesen Sport zu werfen, den manche Leute speziell in EM- oder WM-Zeiten herablassend in den Bereich der Massenhysterie verweisen. Vieles, was das System Fußball ausmacht, spiegelt die außerhalb von Stadien erlebbare Realität wider, manches hat geradezu gesellschaftliche Vorbildfunktion. Österreichs Mannschaft hat in mehrfacher Weise Vorbildfunktion. Folgen Sie mir bitte durch zehn kurze Argumente, Fußball zu lieben, selbst wenn einem der Spielausgang egal ist.

1. Während beispielsweise Skirennläufer beinharte Egoisten sein müssen, ist im Fußball Teamarbeit oberstes Gebot. Der 100-Millionen-Mann Gareth Bale würde vermutlich kein einziges Tor schießen, wenn seine Mit-Madrilenen nicht aktiv mithelfen wollten. Marcel Koller, ein feiner Mann mit psychotherapeutischen Fähigkeiten, hat aus einer notorischen Verliererbande ein Kollektiv geformt, in welchem jeder seine Aufgaben kennt und eventuelle Eigeninteressen neidlos für einen Gesamterfolg hintanstellt. So funktionierte die Jagd schon in der Steinzeit. Die Regierung könnte viel davon lernen.

2. Fußball hat eine enorme Integrationskraft. Im österreichischen Team, das Schweden vorigen Herbst 4:1

besiegte, kickten fünf Migranten mit. Europäische Spitzenklubs sind so international besetzt, wie es einer globalisierten Welt entspricht. Sie sind leuchtende Modelle wider den dumpfen Nationalismus. Auf dem Rasen spielen Menschen fair mit- und gegeneinander, deren Regierungen bitter verfeindet sind. Ein Detail vom letzten Song Contest illustriert diese Spaltung. Während die offiziellen Jurys Russlands und der Ukraine feindselige Nullen austauschten, gab das russische Publikum der Ukraine zehn, die Ukrainer den Russen die maximal möglichen zwölf Punkte.

3. Ein Fußballspiel zeigt auch gut den Wert von Regeln und Autoritäten. Regelverstöße werden konsequent geahndet, die Person des Schiedsrichters und seine Entscheidungen sind unantastbar; fallweise falsche müssen akzeptiert werden und können nur durch Mehrleistungen des Teams egalisiert werden. Das mag ungerecht sein, aber so etwas geschieht auch im ganz normalen Leben. Unser Wirtschaftssystem funktioniert in vielen Bereichen ähnlich.

4. Fußball ist das Gegenteil von Formel 1, die weitestgehend auf Hightech angewiesen ist. Ein paar Quadratmeter Wiese, 22 Menschen und eine Lederkugel reichen zur vollständigen Zufriedenheit Zehntausender. Ökologisch gesehen ein tolles Modell.

5. Wie im richtigen Leben liegen Leistung und Glück hart nebeneinander. Von Letzterem kann man sprechen, wenn Zlatan Ibrahimović aus 30 Metern per Fallrückzieher ein Tor gelingt. Hart antrainierte Kompetenz wird sichtbar, wenn einer wie Lionel Messi das halbe gegnerische Team überdribbelt. Ohne Schweiß kein

Preis. Und dass Österreich so früh die EM verlassen musste, hing wohl mit beidem ein bisschen zusammen.

6. Junge Fußballer werden heutzutage gezielt gefördert, aber generell auch zu Lernfreude und Flexibilität zwischen Eigeninitiative und Teamwork ermutigt. Das sind alles Themen, die auch einem erfolgreichen allgemeinen Bildungssystem guttun würden. Und bei Finalspielen, die vorerst unentschieden enden, gibt es etwas, das jeder im Leben bekommen sollte: die zweite Chance in Form der Nachspielzeit.

7. Fußball führt uns viel Schönheit, Freude und Verletzlichkeit vor. Zumal über das Medium Fernsehen, das euphorisierte Torschützen und verzweifelte Chancenvergeber ganz nah heranholt. Sie machen aus ihren Gefühlen kein Hehl und zeigen sich ganz unverstellt vor Millionen von Augen. Und wir blicken auf sehr persönliche Regungen, ohne uns als Voyeure zu fühlen. Die Schönheit von Bewegungsabläufen gut erzogener Körper wird oft in der Zeitlupe vollends sichtbar. Etliche Teams können es ästhetisch mit jeder großen New Dance Company aufnehmen. Und jedes Match ist eine Erzählung. Vielleicht hat dies Peter Handke in einem aktuellen News-Interview zu dem Satz „Fußball ist wie ein schönes Buch“ inspiriert.

8. Fußball ist wieder sexy. Sixpack-Beaus wie Cristiano Ronaldo, aber auch archaische Machos wie Mario Balotelli interessieren eine weibliche Klientele. Ausgerechnet solche Typen haben dem Fußball das früher vorwiegend Männliche ausgetrieben. Und dass viele Ballkünstler in ganzen Sätzen sprechen können und

Ansagen wie „Alles andere ist primär" unterbleiben, ist auch recht attraktiv.

9. Mögen Niederlagen der Mannschaft und ihrem Trainer zugeschrieben werden, gehören Siege immer auch dem Publikum. Ähnlich wie bei Rockkonzerten dominieren kollektiver Jubel und ein Wir-Gefühl, dem man auf politischer Ebene (Gott sei Dank?) nicht mehr begegnet. Beim Fußball kann man unverzagt einer Menschenmasse angehören, die soziale, ethnische, ideologische Gegensätze in sich aufnimmt und mit einem Freudentaumel entschärft. Eine Vorform von Frieden.

10. „Fußball ist Kriegsersatz" lautet ein Zitat zum Thema. Mag sein, es geht um nationales Prestige, um persönliche Triumphe und um sehr viel Geld. Aber diese Kriegsform ist die humanste, würdigste, zivilisierteste. Und schließlich das finale Ritual zwischen Siegern und Verlierern, nach großen Matches die Dressen zu tauschen. Eine kleine Geste, die von Vergebung, Trost und Zuversicht erzählt. Eine schöne Geste, von der wir alle lernen können.

Freundlichkeit im Service ist schon die halbe Miete.

Psychiater, Butler, Freund

Von Thomas Bernhard, Maden und der Bedeutung des Kellners.

Scheußlich, stumpfsinnig, widerwärtig, abscheulich etc. In den Schriften des großen Autors Thomas Bernhard kommen diese und ähnliche Adjektive so häufig vor wie Fledermäuse in einer lauen Sommernacht. Die Literaturforschung hat alle Ecken und Enden Bernhard'schen Seins und Wesens ausgeleuchtet, sein diffuses Verhältnis zum anderen Geschlecht, seine chronische Krankheit und natürlich auch die harte Kindheit und Jugend. In Wien stieß ich schon vor Jahren auf eine Nische, die noch nicht beforscht war: eines von Bernhards Stammlokalen im ersten Bezirk.

Die Luft des Kaffeehauses schien weitgehend sauerstofffrei und sich vor allem aus Rauch und Küchendampf zu nähren. Das Interieur patiniert zu nennen, wäre stark untertrieben. Die Bannerträger der menschenfeindlichen Atmosphäre waren damals die Kellner. Oder der meine halt. Er fragte mich nicht nach meinem Wunsch, nein, er herrschte mich an. Ganz deutlich klang der Vorwurf mit, ihn durch meinen Besuch in seiner Lebensqualität stark zu beeinträchtigen. Die Bitte um eine kleine Abänderung des Gerichts wurde mit einem barschen „Des geht net" beschieden. Die submisseste Anfrage nach einer bestimmten Zeitung ergab ein lapidares „Homma net".

Ein letzter Versuch, mittels eines fürstlichen Trinkgeldes die Stimmung des Herrn Ober wenigstens ein wenig aufzuhellen, mündete in einen diffusen Grunzlaut, dem nicht zu entnehmen war, ob er Dank und Anerkennung oder doch nur finale Verachtung ausdrücken sollte. – Es war wie in einer Gefängniskantine, mit dem feinen, aber wichtigen Unterschied, dass die Türe von drinnen nach draußen aufging, wovon ich alsbald Gebrauch machte.

Es gibt, wie ich weiß, eine gar nicht so kleine Minderheit von Kaffeehausbesuchern, die verhaltensoriginelles Personal mögen; wahrscheinlich ist da unterdrückter Masochismus im Spiel. Mir fehlt jegliche Leidenschaft dafür.

Seither war ich nie mehr dort. Ich bin nicht nachtragend, aber der Magnetismus hält sich in Grenzen. Wie der Kaffee, wie das Essen geschmeckt hat, könnte ich gar nicht sagen, die unwirsche Behandlung hat offenbar alle meine Rezeptoren voll ausgelastet.

In mir reifte die Theorie, dass sich der Dichter nach mehreren Besuchen der Lokalität dazu entschloss, sein Werk entlang aller Varianten von Weltekel anzulegen.

Im windigsten amerikanischen Diner begrüßt einen die Servierkraft mit einem „Hi, folks, how are you doing“. Ohne Fragezeichen, sie will es ja gar nicht wissen, sie will freundlich sein. Bei der Speisenausgabe folgt meist ein „Enjoy your meal“ und nach Entrichtung des Rechnungsbetrags begleitet ein fröhlich gezwitschertes „Have a nice day!“ ins Freie. Das mag schon auch damit zu tun haben, dass Tips, Trinkgelder, in den USA einen vitalen Gehaltbestandteil ausmachen; da selbige aber faktisch vorgeschrieben sind, müsste sie man auch übellaunigen Kellnern aushändigen. „Das sind doch nur Phrasen, die meinen das doch gar nicht so“, wendet ein traditionell US-kritischer Freund ein. „Aber ja doch“, erwidere ich, „aber mir ist halt auf dieser Ebene gut gespielte Freundlichkeit lieber als offen gezeigter Generalverdruss!“

Kurzum, die Art, wie man in einem Lokal behandelt wird, ist extrem wichtig; nur der Koch kann Gäste noch effizienter vertreiben als der Kellner. Aus meinen Studententagen in Graz rührt folgende Episode: An einem bodenständigen Wirtshaus waren Wildwochen ausgeschildert. Ich hatte schon damals eine starke Neigung zu gutem und vor allem abwechslungsreichem Essen. Dass meine Ernährung damals aber vorwiegend aus Pizza, Würsteln und Kotelettsemmeln bestand, hatte mit der dauerhaften Schwindsucht meiner Geldbörse zu tun. Nach einem Blick in sie traute ich mich dann doch hinein und bestellte ein Hirschragout. Es war relativ günstig und schmeckte auch nicht übel. Bis ich aus einem Fleischbröcklein ein kleines Etwas herausragen sah. Ich barg das Ding, wusch es in meinem Apfelsaft und identifizierte es eindeutig als Made. Da ich damals noch begeisterter Wurmfischer war, war ich mit dem Babystadium der Calliphoridae (Schmeißfliegen) bestens vertraut. Ich winkte die Kellnerin herbei, die den Teller mit einem „Huch!" abservierte, alsbald damit wiederkam und froh die freche Lüge „Es war nur ein Speckstückerl!" mitservierte. – Auch dort ging ich nie mehr hin.

In letzter Zeit nervt mich eine Kleinigkeit, die auch bei geneigtem Personal vorkommt: „War's in Ordnung?", höre ich immer wieder. Was zum Teufel soll die Frage? Ich bin ja kein Lebensmittelchemiker! Fragt mich, ob es gut geschmeckt hat, dann kriegt ihr eine ehrliche Antwort.

Ja, jetzt ist es höchste Zeit für die Guten, die Besten dieser Branche. Sie sind selbstbewusst genug, um Dienstleistung nicht als Gefährdung ihrer Würde zu erachten. Sie sind in der Lage, an ihrer Arbeit Freude zu haben und das auch zu zeigen. Sie bewahren auch Haltung gegenüber widerlichen Gästen (ja, die gibt es), weil sie über deren Niveau erhaben sind, ohne das zu zeigen. Mit allen anderen Kunden verkehren sie auf Augenhöhe und mit empathischem Interesse.

Wenn etwa ein britischer Kellner nach erfolgter Speisenwahl im richtigen Ton „Very good choice, Sir" sagt, ist die Stimmung auf gutem Niveau stabil.

Ein Grandseigneur der österreichischen Gastronomie, nennen wir ihn HR, hat mir einmal seine Kriterien für die Aufnahme von Kellnerlehrlingen beschrieben: „Dass man von rechts serviert, kann man lernen, mir ist seine kommunikative Fähigkeit viel wichtiger. Wenn die in unserem Gespräch nicht spürbar wird, können wir ihn nicht brauchen!" In der Tat fühlte man sich in den diversen Wirkungsstätten HR's vom Personal dermaßen willkommen und umhegt, dass man sich schon im Weggehen nach einer Wiederkehr sehnte.

Ein gutes Beispiel für Kundenkommunikation durfte ich auf der MS Europa 2 erleben: Das relativ intime Kreuzfahrtschiff ist eine Bastion des Wohlbefindens. Gemacht wird sie dazu in hohem Maß vom Personal, das sich auch des kleinsten Wunsches unverzüglich annimmt und auch bei absurd anmutenden Begehren höflich die Möglichkeiten prüft, selbigen stattzugeben. All die – meist sehr jungen – Leute auf der Europa 2 strahlten nichts Liebdienerisches aus, nein, sie kannten ihre Rolle als Gastgeber. Und zwar auf Augenhöhe mit den Gästen.

Hier muss kurz die Pflicht des Arbeitgebers erwähnt werden. Wer seine Leute um Mindestlohn schöpfen lässt und mit unbezahlten Überstunden traktiert, kann die vordem beschriebenen Leistungen nur von chronischen Sanguinikern erwarten. Und die sind rar gesät. Das heißt, in gewisser Weise muss auch der Lokalbesitzer mit seinen Kellnern umgehen wie selbige mit den Gästen. Er muss ihnen das Gefühl vermitteln, im richtigen Haus, in der richtigen Funktion, kurzum im richtigen Leben zu sein. Die so generierte Freude setzt sich (meistens) dann an den Tischen fort.

Gutes Gasthauspersonal vereint die Dienste von Butler, Psychiater und bestem Freund. Sie meinen, das schlösse sich aus? Ja eben, darum muss es ja auch perfekt gespielt werden.

Das ist nicht Linde – aber so ähnlich hat sie ausgesehen.

Der Sonntag mit Linde

Erster Sex kann auch in einem muffigen Keller himmlisch sein.

Wer war das??!!", fragte mein Vater mit kaum verhohlener Entrüstung. Es war ein früher Sonntagnachmittag in einem heißen August. Ich war gerade aus dem örtlichen Café heimgekehrt, verstand nur Bahnhof und sagte das auch glaubhaft. Zumal Freunde meiner Eltern zu Gast waren, beließ es Vater bei einer kurzen Beschreibung: weiblich, jung, der Aufmachung nach eine gewerbsmäßige Sünderin; sie habe geläutet und nach mir gefragt. – Mein Bildschirm blieb immer noch dunkel, obgleich der Vorfall leuchtend hell aus der damaligen Trübnis ländlicher Sonntage hervorstach.

Also trollte ich mich ins Dorf zurück und dort eben wieder ins Kaffeehaus, es gab ja nur das eine. Dort stieß ich zwar auf keine Sünderin, aber auf meinen etwas älteren Freund Franz. „Ja bist du deppert, wie bist du denn zu diesem scharfen Hasen gekommen?!", rief er nicht ohne Respekt. Da Franz im Umgang mit Mädchen weit fortgeschrittener war als ich, maß ich seinem Urteil mehr Gewicht zu als dem meines Vaters. Wenig später traf der scharfe Hase auch wieder ein. Es war Linde.

Dazu muss ich ein wenig ausholen. Der Sommer 1968 hatte für mich ein paar depressionsfördernde Umstände parat. Erstens blickte ich einer Nachprüfung in Mathematik entgegen, und zweitens hatte noch immer kein weibliches Wesen den Mann in mir entfesselt. Ich hatte zwar eine Freundin, Gabriele, eine anbetungswürdige Schönheit, mit der ich scheue Küsse tauschte. Doch sexuell lief gar nichts. Gabi war nicht prüde oder verklemmt, sie wartete eher dezent auf eine Offensive meinerseits, die aber ob meiner damals unüberwindlichen Schüchternheit ausblieb. Mein Ego war erbsengroß, meiner optischen Selbsteinschätzung nach hätte ich an jedem Perchtenlauf unmaskiert teilnehmen können.

Meine bevorstehende Nachprüfung führte mich zweimal die Woche nach Feldbach. Die neun Kilometer überwand ich stets hochgemut auf meiner Puch DS 50, die ich leicht getunt und dadurch sauschnell gemacht hatte. Etliche meiner ländlichen Freunde gaben Wunder weiß was dafür, mit dieser Rakete ein paar Runden drehen zu dürfen.

Hatte ich die Nachhilfestunde absolviert, musste es noch ein kurzer Besuch im Kinocafé sein. Mit so vielen Zahlen, Wurzelziehungen, Logarithmen etc. in der Birne wurde ich nur allmählich wieder verkehrstauglich.

Und da sah ich sie eines Abends, Linde. Seriös beschrieben sah sie ungefähr so aus: mittelgroß, kurvige Formen mit wohlgeratenem Busen, langes dunkles Haar mit damals aktuellem Ponyschnitt, volle Lippen und Lider, die wie Kohletagbergwerke wirkten. Alles in allem ein Topmodel, Linde wäre jederzeit als Bravo Girl 1968 durchgegangen. Beim ersten Mal beließ sie es bei unverstellten Blicken von ihrem Tisch zu meinem. Jeder halbwegs begabte Disco-Dillo wäre zu ihr hinübergegangen und hätte es mit einem Sondierungskompliment versucht. Aber die Schiachpercht auf der Erbse, also ich, verzog sich, ein bisschen geschmeichelt und sehr verwirrt.

Beim nächsten Mal kam sie an meinen Tisch, stellte sich vor und nahm Platz. Sie heiße Linde, sagte sie. Und ich Frido, erwiderte ich. Fridolin, so wurde ich getauft, war mir damals stets ein bisschen peinlich. Fridolin der Spatz, Fridolin der Maggi-Koch, Fridolin der Schneemann hatten diesem Namen alles Heroische genommen. Und dass in meiner zweiten Heimat, Entenhausen, ausgerechnet Oma Ducks Ziegenbock Fridolin hieß, empfand ich vom Image her als K.-o.-Schlag. Nun, Linde und ich tauschten ein paar Nettigkeiten, die man noch nicht Flirt nennen konnte. Sie fragte nach meinem Sternzeichen, meinem Leben, meiner Adresse. Ich fragte kaum etwas. Nicht aus Desinteresse, nein, sie war ein wenig älter als ich und ich hatte Angst, aufdringlich zu wirken und diese erotische Fata Morgana womöglich zu verscheuchen.

Das Gegenteil war der Fall. Kurz nach unserem eher unilateralen Erstgespräch ließ sich Linde aus Feldbach in meinen Heimatort fahren. Und das eben meinetwegen. In besagtem Café sammelte sich bald ein jungmännlicher Interessentenkreis um uns. Besser gesagt um Linde – und mich halt dazu.

Ob es nirgendwo eine Musikbox gebe, fragte sie mich, mit Songs, zu denen man tanzen könne. Damit eröffnete sie mir einen goldenen Ausweg.

Im Nachbarort, gerade einmal fünf Kilometer entfernt, gab es die sogenannte „Kellerbar“. Eine fensterlose Kaschemme im Souterrain eines Kaufhauses. Ziemlich cool an Samstagabenden, geradezu grotesk für einen Sommer-Sonntagnachmittag. Linde willigte ein, ihr schien der Vorschlag sogar zu gefallen. Als ich dachte, nun sei ich die ganze Bande los, rief der junge

Edi: „Da komm ich mit!“ Obgleich ich Linde mit meiner Puch-Rakete entführte wie Zeus als Stier die Europa, radelte Edi mit seinem Drahtesel wenige Minuten nach uns ein.

In der „Kellerbar“ roch es unzüchtig nach den Ausdünstungen nächtlicher Orgien (die zumindest ich imaginierte), nach kaltem Rauch und Ruhetag. Der erstaunte Wirt hatte uns widerwillig eingelassen, die Getränke serviert, die Musikbox aktiviert und sich dann wieder entfernt. Damals zog man bei Elektrogeräten außer Gebrauch noch den Stecker, aus Angst, ein Blitzschlag könnte in ihre elektromechanischen Eingeweide fahren. Wir ließen ein paar Schillinge rollen, wählten meist langsame Nummern, „A Whiter Shade Of Pale“, „Lady Jane“, „As Tears Go By“. Und wir tanzten. Edi, etwas jünger und noch ungeschickter als ich, ließ dabei seine Tatzen immer wieder auf Lindes Po rutschen, und sie schob diese immer wieder weg. Meine lagen manierlich um Lindes Hüften, und sie schob sie stets auf ihren Po. Saßen wir zwischendurch, signalisierte mir Linde unter dem Tisch mit zielstrebiger Hand ihre Sympathie und Absichten so deutlich, dass selbst ich Parzival erkannte, was folgen sollte und musste.

Eben lief „All You Need Is Love“ von den Beatles, eine untanzbare Hymne, als Linde mir ein „Komm nach“ ins Ohr flüsterte und Richtung Toiletten verschwand. Ich folgte ihr mit zittrigen Knien und landete in einer Ganzkörperumarmung, deren Weichheit und Wärme ich heute noch nachfühlen kann. Offensichtlich reicher an Erfahrung als ich, öffnete Linde mit wenigen passenden Griffen meine Hose. Sie nahm mich in sich auf, sie war feucht und warm, ich schwebte für Sekunden zwischen Himmelreich und Irrenhaus, war einer Ohnmacht nahe. Aber es dauerte eben nur ein paar Sekunden, bis ich mich in dieses wunderbare Wesen verströmte. Die Pille war schon erfunden, Aids noch nicht.

Danach tanzte Linde noch einmal mit Edi und meinte dann, es sei für sie an der Zeit, nach Hause gebracht zu werden. An diesem Sonntagnachmittag lernte ich ein mir bis dahin ebenfalls noch unbekanntes Phänomen kennen: die postkoitale Depression. Und so gab ich Edis heftigem Bitten nach, Linde wenigstens heimfahren zu dürfen. Ob es ihm dabei um sie oder um mein rasantes Moped ging, war mir in diesem Moment egal, ich stimmte zu. Linde küsste mich nachsichtig auf beide Wangen und stieg bei Edi auf.

Ich sollte sie nie wiedersehen. Zum einen neigten sich die Ferien und damit der Nachhilfeunterricht dem Ende zu, und aus irgendwelchen Gründen mied ich forthin das Feldbacher Kinocafé. Und ins unsrige kam auch sie nie mehr. Vielleicht hatte Linde erwartet, einen talentierten jungen Liebhaber zu gewinnen. Ich aber war nur jung und bin bei der Talentprobe wohl durchgefallen. Die Mathe-Nachprüfung habe ich übrigens bestanden. Und fast wäre es mir damals umgekehrt lieber gewesen.

Da mit dem Alter das Langzeitgedächtnis und seine Erinnerungen reger werden, denke ich oft an Linde. Sie hat mich erlöst und eine versiffte Toilette für einen Moment in ein irdisches Paradies verwandelt. Ich bin im August geboren worden. Und in einem anderen August ein zweites Mal.

Das hätte ich ihr gerne gesagt, dafür hätte ich ihr gerne gedankt. Ich habe sie nach so langer Zeit nicht ausfindig machen können. Aber, Linde, vielleicht liest Du es ja hier.

„Wir haben uns arg verpaddelt, was kein Wunder war.“

Geschwafel des Flusses

Über Deutsch-Versuche im Ausland sollte man sich nicht lustig machen. Hier ist die Ausnahme.

Vor vielen Jahren hat mein mittlerweile verstorbener Freund Lam Pat Siu in Graz ein Chinarestaurant eröffnet. In den ersten Tagen kamen immer wieder Gäste, die sich mit Namen, Alter, Adresse, Beruf vorstellten und dann sagten: „Und jetzt hätte ich gerne die Pekingente!“

Die Scherzbolde spielten allesamt auf die Speisekarten an, allwo bei diesem Gericht „Wir bitten um Vorstellung“ stand, aber Vorbestellung gemeint war.

Von da an begann ich, auf kuriose Fehler dieser Art stärker zu achten. Vor allem in Menüs oder Tourismustexten des nördlichen Mittelmeeres stieß ich auf einiges. Ich meine dabei nicht Standards wie Gerötete Kartoffeln, Gemiest Fisch oder Gerillte Polenta, nein, es waren schon echte Schmuckstücke dabei.

Auf einer Speisekarte am venezianischen Lido wandte sich der Koch an seine „Egregi clienti!“, also an seine geehrten Kunden. In der deutschen Version stand da zu lesen: „Gradige Kurden!“ Großartig, denn hier mischen sich gleich zwei Ursachen für solche sprachlichen Rösselsprünge: ein schlichter Druckfehler, der aus Kunden Kurden macht. Und ein Übersetzungsprogramm, das den englischen Begriff „grade“ durch die falsche Wortwurstmaschine gedreht hat.

Mein bisher absoluter Liebling fand sich auf einem istrianischen Ferienwohnungsprospekt. Er lautete: „Die Villa liegt neben Salzt Felder und es ist für sicher eine wunderschöne Lokacion für Urlaub machen. Sie hat Apartmahnen mit Rauminhalt von vierzig ab zu hundert QM. Nebenangebot Sauna, Jacuzzi, Internet wird Ihren Urlaub sicher schmalzen. Das Apartment liegt im Zentrum von Piran. Alte Stadt hat eine andere klopft und das müssen Sie erleben."

Diese paar halsbrecherischen Texte aus mediterranen Menükarten und Prospekten habe ich in der Kleinen Zeitung zitiert. Mit Gewissensbissen, denn eigentlich sollte man sich über mangelhafte Sprachkenntnisse und ehrliche Bemühungen nicht lustig machen.

Die Leser sahen das anders und schickten mir zahlreiche Wortgetüme aus eigener Sammlung. Darunter auch Trude und Rudi, die von einer oberitalienischen Paddeltour einen Text mitbrachten, der alle Vorstellungen übersteigt. Er stammt von der offiziellen Tourismuswebsite der Region, zählt mehrere Seiten und ich muss ihn Ihnen wenigstens in ein paar Auszügen nahebringen.

Also: „Wo wohnt ein Fluss ist seit jeher ein Ort voller Vorschläge, eine Art Mythos, dass geografische und zieht Intrigen" ... „Der schnelle, aber nicht gefährlich, führt uns die aktuelle sogleich das Schweigen und die Transparenz der Atmosphäre erinnert an Kräuter und Algen" ... „Sie können nicht Rudern, nur Regie Bogen mit dem Paddel, das Ausweichen der Zungen, bei der die berauschende Reihe von schlängelt" ... „Unter dem Wasserfall das Bett des Sile erweitert, während der Abfluss scheint so selbstverständlich durch die Abfolge der Griffe" ... „Sie bald bis zum Staudamm von der Mühle, die ein unüberwindliches Umschlag kurz, nicht sehr einfach auferlegt" ... „Dies ist sicherlich zu den wichtigsten Fluss Routen Italien, sowohl für das Ansehen von Orten gefahren, die das verlängerte Gewohnheit es erfreuliche Kreuzfahrt der Wasserstraße, die macht"... „Talfahrt der Casier können die eindrucksvollen Geschwafel des Flusses schätzen schlängelt sich zwischen den interessante Anzeichen auf das Vorhandensein des säkularen Menschen“.

„Wir haben uns ein paarmal total verpaddelt“, schreibt Trude. – Ist irgendwie verständlich, oder?

Die Euphorbia esula, die Scharfe Wolfsmilch.

Cod sei Dank!

Geschmacksempfinden muss erlernt werden.
Eine papillarische Reise zu den Ursprüngen.

Ich weiß, wie Wolfsmilch schmeckt. Mein geliebter alter Onkel Hans, ein grundgütiger Landarzt, hieß mich als Kind an einem Stängel dieser Euphorbia lecken. Es schmeckte rau, ätzend, grässlich. So wurde mir beigebracht, dass nicht alles, was die Natur für uns bereithält, gut für uns ist.

Wie Muttermilch schmeckt, weiß ich nicht mehr. Obgleich ich längere Zeit am üppigen Busen meiner freigiebigen Mama genährt wurde. Vermutlich war ich zu jung, um eine bewusste Erinnerung daran zu haben. Aber ich denke, die Muttermilch beinhaltet einen Code, der sämtliche Geschmackswahrnehmungen des Lebens danach steuert. Der die papillarische Roadmap zeichnet.

In meiner Kindheit ging es erst einmal oft darum, wonach etwas nicht schmecken sollte. „Schmeckt gar nicht nach Fisch!", rief Mutter beruhigend aus, als sie die ersten tiefgefrorenen Kabeljau-Filets servierte. „Nach Fisch" bedeutete damals den üblen Hautgout überlagerter Ware oder das unverwechselbare „Letteln" der Teichkarpfen. Fische, die nach keinem von beiden müffelten, waren für uns Neuland. Und auch die Basis in ein neues Grundvertrauen in diese Art von Nahrung. Ohne den olfaktorisch zurückhaltenden Kabeljau hätte ich mich wohl nie an den herzhaften Seeteufel, die zarten Scampi, den roh marinierten Lachs etc. herangewagt. Und schon gar nicht wäre ich in den Genuss einer doch reichlich maritim schmeckenden Miesmuschel gekommen. Froh rufe ich daher heute ein „Cod sei Dank!" aus. So heißt der Kabeljau auf Englisch.

Die Freude an Geschmack hat etwas mit Neugier und Beharrlichkeit zu tun. Ein Beispiel: In einer Falafel-Garküche in Kairo stieß ich auf ein mir damals neues Aroma. Es kam von einem grünen, mir damals unbekannten Blättchen. Ich archivierte den Geschmack als arabische Besonderheit, bis er mir in Rom auf einem Salat wieder begegnete. Ich fischte das Kräutlein heraus, nahm es mit heim zu meinem Gastgeber, der es als Rucola identifizierte und mir sagte, dass es im Veneto massenhaft wüchse. Dann wohl auch bei uns, dachte ich.

Ich säte es in unserem Garten aus, und es gedieh so üppig, dass ich es mir bald leisten konnte, es beim Rasenmähen zu streifen und so sein markantes Aroma auch durch die Nase zu konsumieren.

Gemessen an Seh-, Tast-, Geruchs- und Gehörsinn wird der Geschmackssinn wohl stark unterschätzt. Und wenig gepflegt.

Das gilt vor allem für uns alte Kinder der Mangelgesellschaft, deren vorrangiger Imperativ das schiere Sattwerden war. Wie auch für die Generation Überfluss, die auf die billigen Reize von Convenience-Food programmiert ist. Aber beides ist keine Entschuldigung. Niemand ist daran gehindert, eine Waldhimbeere zu suchen und zu kosten, um auf alle Zeit eine papillarische Benchmark für den Idealgeschmack dieser Früchte zu haben. Niemandem ist verwehrt, seinen Geschmack an echter Bourbon Vanille zu kalibrieren, um einen Standard für das meistgefälschte Aroma der Menschheit einzuspeichern. Auch Sauerampfer, Cox-Orange-Apfel, Fenchel, Wurzelspeck, Muskateller, Morchel, Passionsfrucht, Hopfentee, Limette, Kürbiskernöl, Bachforelle, Erdnuss etc. stehen als Wegmarken geschmacklicher Vielfalt recht einfach zur Verfügung.

Wer schmecken will, muss kosten. Wie sollte man sonst befugt sein, Zuckererbsen mit Knollen, Sauerklee, Meyer-Zitrone & Leindotteröl oder Attersee Reinanke mit eingelegten Ananas-Paradeisern, Sellerie & Pfeffer zu preisen?

Wie sollte man das Hohe Lied von Perlfisch mit Kressewurzel, Holunder & Dill oder Kochsalat mit Meyer-Zitrone, Erdäpfel & Wiener Caviar singen? Wie wüsste man sonst Lammkutteln & Lammbrust mit Duwicker Karotte, Fenchel & Mauerpfeffer oder Topinambur mit Erbsentrieben, Blattkohl & Wiener Schnecken angemessen zu schätzen?

Was gemeinhin als Gaumenfreude abgetan wird, ist in der Tat eine weitere Welt, die sich auf dieser Welt erschließen lässt. Wie könnte man Indien erfassen, ohne seine Curry-Varianten zu kennen, was wüsste man von Thailand, ohne sein Basilikum gekostet zu haben?

Ist Frankreich ohne Noilly Prat komplett? Reicht die Alhambra für Spanien aus oder muss man auch Jamon Bellota gekostet haben?

Ist Italien ohne Pasta di Grano Duro denkbar? Ich sage nein. Wer ein Land nicht erschmecken kann, hat es nicht erfahren.

Ja, zugegeben, es muss wohl auch genetisch programmierte Abneigungen geben. Von Kindheit an war mir der Geschmack von Anis zutiefst zuwider. Bis heute ertrage ich ihn allenfalls in Alkohol gelöst, als Ouzo oder Raki. Wenn meine Mutter Saure Rüben kochte, fühlte ich mich in keinem Winkel unseres Hauses wohl. Und wiewohl ich

Koriandersamen sehr schätze, könnte er mich als Kräutlein zur Republikflucht antreiben. Das sind halt Rätsel unserer biologischen Entstehung, so wie die Augenfarbe oder früher Haarausfall. Über sie zu grübeln ist müßig.

Geschmacksgourmets reagieren auch meist sensibel auf Gerüche. Unsereiner kann olfaktorische Küchengrüße schon beim Betreten eines Lokals zuordnen. Nur selten schmeckt – wo es nicht gut riecht – das Essen gut. Und umgekehrt. Niemals werde ich den Duft vergessen, der mir schon auf der Treppe des Münchner Tantris entgegenwehte. Eine Melange aus gut abgehangenem Fleisch mit einer Brise Krustentiere. Eine Viertelstunde lang tief durchzuatmen war schon fast das halbe Menü. Und früher, als es noch nicht alles überall gab, war der Grenzübertritt in Tarvis auch einer für die Nase. Im erstbesten Laden war der Duft nach Cappuccino, Prosciutto und Colomba das feine Willkommen in einem vorgeahnten Paradies. Globalisierung und EU haben diese Paradiese aufgelöst, allerdings zugunsten eines allgemein zugänglicheren Wohlgefühls.

Wer die ungeheure Varietät der Geschmäcker, Düfte und Aromen dieser Erde nicht erfährt, ist arm dran. Religiösen könnte man sagen, sie würdigten die geniale Schöpfung Gottes zu wenig. Und Agnostikern muss man attestieren, dass sie am Leben vorbeileben.

Ich verlöre lieber den Finger einer Hand als den Geschmackssinn. Denn ich würde eine Pianistenkarriere jederzeit den Freuden von Essen und Trinken opfern. Wie sagte denn schon der lebensweise Johann Wolfgang von Goethe: „Kein Genuss ist vorübergehend, denn der Eindruck, den er zurücklässt, ist bleibend."

Es gibt da eine Anekdote, dass anlässlich irgendeines Jubiläums die Chefs von Pepsi und Coca Cola im Blindtest ihre beiden Säfte nicht unterscheiden konnten. Unglaublich! Wie kann man ein Bonbonsafterl mit einer feinherben Limonade verwechseln. Ganz offenbar hatten beide Herren weder mit Mutter- noch mit Wolfsmilch Erfahrung.

Giraffen finden auch in oberen Etagen etwas zu futtern.

In der Serengeti

Ein paar Tage im bedeutendsten Wildreservat Afrikas.

Prolog: Mitte der Fünfzigerjahre flogen der deutsche Biologe Bernhard Grzimek und sein Sohn Michael mit einer kleinen Dornier-Maschine von Frankfurt bis an den Äquator. In jahrelanger Feldarbeit zählten sie den Huftierbestand der Serengeti-Savanne im damaligen Tanganjika. Statt auf die erwartete Million stießen sie nur auf rund 367.000 Tiere, deren genaue Wanderrouten sie erforschten, um den einheimischen Behörden die nötige Größe des Schutzgebietes zu erklären. Dabei ist auch das legendäre Buch „Serengeti darf nicht sterben" entstanden. Es wurde in 36 Sprachen übersetzt. Der gleichnamige Film erhielt einen Oscar. Michael Grzimek erlebte die Premiere nicht mehr: Knapp 24-jährig war er am 10. Jänner 1959 während der Dreharbeiten mit seiner Dornier nach einer Kollision mit einem Geier abgestürzt.

Man landet im Schatten des Giganten: Über Krater, über in der Steppe verstreute Kraldörfer und zuletzt über sanfte Hügel gleitet das Flugzeug zum Kilimandscharo-Airport bei Arusha, der zu Füßen seines 5895 Meter hohen Namensberges liegt. Bernhard Grzimek, Spiritus Rector der Serengeti-Idee, hat den Tansaniern in den Sechzigerjahren seinen Bau empfohlen. Der Reisende kommt solchermaßen direkt im Vorhof der Wildnis an.

Früher haben sie nach Geld gesucht. Jeder Säckel wurde von Amts wegen umgestülpt, jeder Dollar vom Zoll genau registriert. Julius Nyereres katholischer Sozialismus, sein rigides Planwirtschaftssystem, die kolchosenartigen Ujamaa-Dörfer und die hartnäckig verteidigte Kunstwährung sind indes einer anderen Wirklichkeit gewichen. Präsident Ali Hassan Mwinyi hat seinem Land, monetär gesehen eines der ärmsten der Erde, relativ freie Marktwirtschaft verordnet. Jonas Mnango, Geschäftsmann in Arusha, bringt es auf den Punkt: „Jeder kann jetzt alles tun." Die Rahmenbedingungen für die neue Freiheit hat der Internationale Währungsfonds diktiert: Um 1980 bekam man für einen Dollar acht Tansania-Schilling, heute sind es etwa 2200.

„Führen Sie Waffen mit sich?", fragt der Flughafenzöllner heute den Reisenden. Eine vernünftige Frage für jeden, der die Geschichte kennt. Rund fünf Millionen Elefanten wurden im Ostafrika des 19. Jahrhunderts getötet. Eine Statistik aus dem Jahr 1888 nennt die damals schon streng kontrollierte Einfuhrbilanz an Feuerwaffen: Allein zwischen Jänner und Juni jenes Jahres passierten 37.441 Gewehre, eine Million Kugeln und drei Millionen Zündkapseln den Zoll in Sansibar.

Tansania hütet einen der größten ökologischen Schätze des Planeten. Im Verhältnis zu seinem Staatsbudget liegt das finanzielle Aufkommen für Naturerhaltung an der Weltspitze. Etwa ein Sechstel des 945.000 Quadratkilometer großen Landes ist in der einen oder anderen Art geschützt. Zwölf Nationalparks und zahllose Conservation Areas gibt es. Neidlos attestiert die Johannesburger Zeitschrift „Africa – Environment & Wildlife“ der Serengeti, „aus guten Gründen Afrikas berühmtestes Wildreservat der Welt“ zu sein. Man kann für diese guten Gründe Zahlen nennen: Auf einer Fläche, die ungefähr jener der Steiermark entspricht, weiden und wandern heute eineinhalb Millionen Gnus, 440.000 Thomson-Gazellen, 250.000 Zebras, 10.000 Büffel, 12.000 Giraffen. Dem Futterangebot entsprechend sind etwa 3000 Löwen und 700 Geparde unterwegs. Weiters zählte man jüngst 2000 Elefanten, 6000 Straußenvögel. Und so weiter. Fast alle Populationen sind seit Grzimeks Zeiten stark angewachsen. Mit Ausnahme der Nashörner und Wildhunde: Da man von Letzteren nicht weiß, ob sie noch wirklich existieren, fordern heute Steckbriefe den Reisenden auf, etwaige Sichtungen zu melden.

Von Arusha, der einzigen größeren Stadt der Region, führt der Weg nach Westen. Am Rande der Piste tauchen die ersten Massai auf, ihre blutroten Wickeltücher leuchten von Weitem. Frauen sitzen am Straßenrand und hämmern Steinbrocken zu Schotter klein. Man hat viel Zeit und wenig Geld. Nach 110 Kilometern gerät man unversehens ins erste Paradies. Der Lake-Manyara-Nationalpark ist ein Zauberwald aus Fieberbäumen, Baobabs, Papyrus, Schirmakazien, Fächerpalmen, wilden Datteln. Nashornvögel schaukeln in den Ästen, riesige Schmetterlinge reflektieren die Nachmittagssonne, Pavianrudel kreuzen den Weg. Später, im unübersichtlichen Buschgelände, gerät der Landrover in eine Elefantenherde. Zwei junge Bullen tragen hart am Wagen ein Scharmützel aus, dass der überaus besonnene Driver-Guide Julius mehrfach „Very close!“ murmelt und damit wohl eher „Zu nahe“ meint.

Vom Lake Manyara führt die steinige Straße noch einmal in die Zivilisation zurück. Fruchtbar ist die Gegend um Karatu. Das tiefe Braunrot der Ukaria-Erde und der üppig grüne Pflanzenwuchs kontrastieren prächtig. Hier wohnen die Iraqw, ein Volk, dem einige der weltbesten Marathonläufer entstammen. Kenner nehmen in der Gibbs-Farm Quartier. Die kleine Kaffeeplantage liegt in einem Park mit blühenden Bananenstauden, Hortensien und Hibiskus. Frangipani-Bäume verströmen den betörenden Duft der Tropen. Deutsche Kolonisten haben das Haus um 1900 gebaut. Die jetzige Eigentümerin Margaret Gibbs bäckt fabelhaften Lemon Pie und lässt ganz britisch Early-Morning-Tea ans Bett servieren. Es ist das richtige Entree für den typischen Serengeti-Besucher. Er hat in ganz bestimmtes Interesse investiert, nicht in vage Erwartungen von geborgtem Luxus. Ein kundiger Guide ist ihm wichtiger als ein Kofferkuli. Er zahlt für ein Zelt nicht selten mehr als für ein Hotel.

Noch 40 Kilometer Weges trennen den Reisenden von der ersten und wahrscheinlich größten Sensation, dem Blick in den Ngorongoro-Krater. Steil windet sich der rote Pfad den Hang hinauf. Riesenpflanzen, wie man sie vom Ruwenzori kennt, säumen die Piste. Der stete feuchte Wolkenzug beschert den Bäumen schwer hängende Moosbärte. Am Straßenrand erkennt der Kundige jene Vertiefungen, die Elefanten auf der Suche nach

Mineralstoffen ausscharren. „Früher“, so erzählte Erich Gebauer, langjähriger österreichischer Konsul in Dar es Salaam, „haben wir uns im Tragsessel hinaufbringen lassen, das war sehr romantisch.“ – An solche Zeiten erinnern sich Träger und Getragene wohl unterschiedlich gerne.

Wenn sich nach der gewissen Hermetik des Anfahrtsweges der Blick in den Ngorongoro weitet, ist das ein bewegender Moment: „Es ist unmöglich“, notierte Bernhard Grzimek, „eine korrekte Beschreibung von der Größe und Schönheit des Kraters zu geben, weil nichts Vergleichbares existiert. Es ist eines der Weltwunder.“ Um die 2500 Meter hoch liegt der Rand des Ngorongoro. Als Vulkan, vor zweieinhalb Millionen Jahren etwa doppelt so hoch, stürzten seine Wände später ein. Geologisch bezeichnet man solch ein Gebilde als Caldera. Es ist die größte der Welt, 600 Meter tief sind die Innenwände, 384 Quadratkilometer misst der Kraterboden. Bernhard und Michael Grzimek hatten hier jahrelang ihr zentrales Camp. Am südlichen Kraterrand wird der Toten gedacht: Gadie Matley wurde 1971 von einem Nashorn getötet, der Ranger Narwa Nyahur 1978 von einem Wilderer ermordet. Auch Michael Grzimeks fataler Absturz ist verzeichnet.

Die traditionsreichste Herberge ist die Ngorongoro Crater Lodge. Seit 1934 besteht sie, ihr einfacher, aber edler Stil passt in die Gegend. Das Gästebuch zählt Namen wie Ernest Hemingway, Theodore Roosevelt, Gene Hackman, Anthony Hopkins und andere Notable. Man macht kein Aufsehen darum; ähnlich wie etwa im Ausseerland weiß man um seine eigene Bedeutung; das Selbstverständnis ist ein wohlgewachsenes.

Im Kaminzimmer hängt ein Kohleporträt von Michael Grzimek. Bräunliche Fotos zeigen den Anthropologen Louis Leakey, der mit seiner Frau Mary in der nahe gelegenen Olduvai-Schlucht in den Fünfzigerjahren aufsehenerregende Funde aus der Urzeit der Menschheit machte. Nicht alle Besucher realisieren offenbar, dass sie sich hier in unmittelbarer Wildnis bewegen: Erst jüngst hat sich eine amerikanische Besucherin vertrauensselig einem auf dem Areal der Lodge weidenden Büffel mit der Kamera genähert. Der Versuch eines Blitzlichtporträts endete, was noch ein Glücksfall war, im Krankenhaus von Arusha.

Wie Funde beweisen, war der Kraterboden schon in der Steinzeit besiedelt. Und um die Jahrhundertwende betrieb ein deutsches Brüderpaar namens Siedentopf dort unten eine Farm. Der Versuch scheiterte, da die Massai-Krieger der Gegend die Rinder der Siedentopfs für Gottesgaben hielten und sich großzügig bedienten.

Der Ngorongoro-Krater ist ein eigenständiges Öko-System, es beherbergt rund 300 Arten; man zählt bis zu 25.000 Großtiere. Auch die raren Breitmaulnashörner weiden hier, zwei Dutzend sollen es wieder sein, nachdem kenianische Wilderer mit Maschinengewehren in den Achtzigern den Bestand beinahe vernichtet hätten. Rund 6000 Verhaftungen wegen Wilderei (manche mit tödlichem Ausgang) wurden in den vergangenen 25 Jahren registriert.

Dass dieses Problem besonders in diesem Teil Tansanias erfolgreich entschärft wurde, hat mit dem sogenannten Ujirami Mweema-Project zu tun: Die TANAPA, Tansanias Nationalparkbehörde, bemüht sich seit 1988 massiv, Tansanias Bürger am Gewinn aus dem Tourismus zu beteiligen und sie so vom Sinn des Naturschutzes zu überzeugen. In einem extrem armen Land, von dessen 50 Millionen Bewohnern 70 Prozent reine Selbstversorgerwirtschaft betreiben, eine kluge Idee.

Etwa 40.000 Massai mit rund 370.000 Rindern leben im Ngorongoro-Gebiet. Diese kulturell sehr selbstbewussten und extrem traditionstreuen Afrikaner waren jahrelang im Konflikt mit den Naturschützern. Mittlerweile sind sie eingebunden, bekommen Schul- und Brunnenprojekte finanziert. Im Wissen um ihre Anziehungskraft verlangen sie Geld für Fotos; einige Dörfer dürfen besichtigt werden, zehn Dollar pro Besucher werden genommen. Üblicherweise nähren sich Massai in der Hauptsache von Blut und Milch ihrer Rinder. Mittlerweile sieht man immer häufiger Gemüsepflanzungen. Und der Mitteleuropäer, der schon ein paar Braunbären als Lebensgefahr erachtet, staunt, wenn er kleine Massai-Buben sieht, die ihre Rinderherde am Ngorongoro mitten durchs Löwengebiet treiben.

Dieser Öko-Friede herrscht nicht überall. William Jones, zusammen mit seiner Frau Maureen Lehrer an der Issenye Secondary School, erzählt, dass im Westen des Parks, nahe dem Viktoriasee, die Migration der Weidetiere manchmal die Parkgrenzen überschreitet: „Beim letzten Mal haben sich die Leute mit blanken Messern auf die Gazellen gestürzt und so viel Fleisch wie möglich gehortet“, berichtet Jones. „Die Park-Ranger sind nicht eingeschritten, so etwas passiert ohnehin nur alle zehn Jahre.“ Ein kanadischer Tramper kam in derselben Gegend indes zu Tode: Der junge Abenteurer hatte weit draußen in der Wildnis campiert. Fleischwilderer, die sich bei der Arbeit beobachtet fühlten, töteten ihn mit einem Giftpfeil. Später, bei Nabi Hill, wird uns eine moribunde Hyäne begegnen, der eine Wildererschlinge tief in den vereiterten Hals schneidet.

Hinter dem Ngorongoro weitet sich das Land: Tief blickt man in die eigentliche Serengeti, eine Hochebene, die bis nach Kenia reicht. Anders als das überhitzte, rüde Buschbusiness in der dortigen Massai Mara ist die tansanische Reise eine an sich stille Fahrt, die der Größe der Wunder entspricht und eine Schwere des Glücks vermittelt. Mit etwas Fortüne bekommt man den dazu passenden Führer. Etwa jenen Julius Dunduu, einen 35-jährigen, hochintelligenten, sensiblen Mann von der Küste mit umfassendem Wissen über die Natur. Immer wieder begegnet man in Afrika Menschen wie ihm: Mit etwas Glück, einer anderen Geburt, zur rechten Zeit am rechten Ort wären sie vielleicht Minister oder Unternehmer. Meist strahlen sie eine Art wissender Melancholie aus, die vermutlich mit der Ahnung zu tun hat, dass vieles im Lande nicht so ist wie es sein könnte. Missbilligend studiert Julius einen Erlass der Parkbehörde, der ein Tabu der Serengeti bricht: Neuerdings, so der Brief, sei es in der Nähe von Lodges gestattet, die Pisten zu verlassen, um noch näher an die Wildtiere heranzufahren. Und obwohl er noch nie dort war, scheint Julius Dunduu jene üblen Szenen aus Kenia zu kennen, in denen ein Dutzend Kleinbusse quer über die Savanne rasen, um dann einen einzigen Leopardenbaum zu belagern.

Julius lebt seinen eigenen Gegenentwurf. Geduldig erklärt er uns die Unterschiede zwischen Nubischem und Ruppell's-Geier. Er weiß, dass die kleinen Insekten in den Flüsterakazien diese Büsche vor den Giraffen schützen. Er weiß, dass Zebras nicht aus schierer Zärtlichkeit ihre Köpfe miteinander verschränken, sondern das dies eine symbiotische Position ist, die zwei Tieren 360 Grad Rundblick und somit größere Sicht auf mögliche Feinde bietet. Er kennt jene Plätze am Lake Masek, an denen Hunderte bleiche Gnu-Skelette von den Tragödien bei der Überquerung des Gewässers zeugen. Und er findet eine Wiese, auf der so viele europäische Störche stehen, wie sie ein Europäer in seinem ganzen Leben nicht sieht. Mit Julius Dunduu erfährt der Reisende, dass Löwen im Durchschnitt nur bei jeder vierten Jagd erfolgreich sind und dass ein Leopard sogar nur bei jedem zwanzigsten Versuch Beute macht.

Obgleich es nur eine Handvoll Lodges in der ganzen Serengeti gibt, sind die Unterschiede enorm: Die Ewig-Baustelle Seronera, in deren Nähe sich eine etwas devastiert wirkende Forschungsstation befindet, sollte man allenfalls für eine Teepause aufsuchen, die pompöse Investmentburg Sopa am besten ganz meiden. Ganz anders hingegen die naturnahe Ndutu-Lodge, in welcher Guide und Tourist ganz selbstverständlich an einem Tisch sitzen können, in welcher keine Klimaanlage die afrikanische Nachtluft schändet und wo man abends im Klappsessel am schützenden Feuer hart an der freien Wildbahn sitzt. Wer das Gästebuch daraufhin studiert, kann für das Vorjahr gerade einmal 18 österreichische Ndutu-Besucher ausmachen.

Unweit von Ndutu hat Baron Hugo van Lawick, ein legendärer Tierfotograf und -filmer, vormals Ehemann der Primatenforscherin Jane Goodall, sein Camp. An diesem Abend pirscht der betagte Herr mit einem Mikrofon durch die Gegend, um die sonoren Grunzlaute der Gnus aufzunehmen. Tausende stehen auf den weiträumigen Flächen rund um Ndutu. Wenn man sich in die Mitte einer solchen Herde pirscht, dem Schnauben und den Fressgeräuschen lauscht, wähnt man sich jählings nicht mehr in einem Teil der bekannten Welt.

Geradezu mystisch ist der erste Eindruck von der Lobo Wildlife Lodge im Norden der Serengeti: Wie eine tropische Gralsburg ist sie in einen etwa vierzig Meter hohen Haufen von Basaltblöcken gebaut. Der Weg zum Eingang führt durch enge Felsbrüche, die Herberge selbst ist ein Labyrinth aus Edelholz und Stein. Eine Horde grimmiger Paviane beherrscht die Dachregionen.

In der Morgendämmerung beginnen wir eine Pirschfahrt in die hügelige Umgebung. Die Landschaftsformen wechseln zwischen Steppe, Waldungen und fast almartigen Regionen. Vielleicht kann die bloße Aufzählung der Anblicke in diesen zwei Stunden ein Bild von der Fülle der Serengeti vermitteln: Wir begegneten Hyänen, Perlhühnern, Eisvögeln, Prachtstaren, Schildkröten, Straußen, Grant- und Thomson-Gazellen, Zebras, einem Dutzend Löwen, Leierantilopen, Meerkatzen, Warzenschweinen, Kronenkranichen, Pavianen, einem Mungo, Nashornvögeln, Wespenbussarden, Klippschliefern, einem Kudu, einem Konsilium satter Geier, einem Zug von ungefähr dreihundert Büffeln und einer Handvoll Tsetsefliegen.

Am späteren Abend sitzt man an der Brüstung der Felsenburg. Durchaus froh, so hoch und sicher über jenem Landstrich zu sein, der nun in der Dunkelheit recht feindlich scheint. Vielstimmig meldet sich die Wildnis. Das stöhnende Löwengebrüll kennt der Reisende aus seinen Traumfilmen. Viel gewöhnungsbedürftiger ist das fast höhnisch klingende „Huuuuaap, huuuuaap“ der Hyänen.

Mitten in der Nacht erhebt sich auf dem Dach über dem luftigen Gemach ein wüster Rumor. Den wütenden Schreien der Paviane tönt ein heiseres Keckern entgegen. Zehn Minuten währt das Kreischen und Trampeln. Am Morgen darauf weiß Julius Dunduu Bescheid: Ein Leopard war auf Affenjagd. Julius hat fünf Jahre in der Lobo gearbeitet. Zweimal ist ihm dabei in der Rezeption nächtens ein Leopard begegnet: „Es ist unangenehm und man hat Angst“, sagt er. „Aber wenn man ruhig bleibt, ist es nicht wirklich gefährlich.“

P.S. Michael Grzimek liegt an der Kraterkante des Ngorongoro begraben. 1987 wurde sein Vater Bernhard auf testamentarischen Wunsch daneben bestattet. Nur eine kleine Steinpyramide, von einem purpurroten Hibiskusstrauch umkränzt, erinnert an das Werk der beiden.

Sprachbarrieren können skurrile Irrtümer verursachen.

Der bedrohte Pinish

Was man über fremde Sprachen grundsätzlich wissen sollte.

Jeder, der eine Fremdsprache spricht, weiß, dass es phonetische Ausnahmeregeln gibt. Ich musste erst dem Teufelsflöterich Ian Anderson begegnen, um zu erfahren, dass man seinen Vornamen nicht „Aian", sondern eben „Ian" ausspricht. Auch sagt man zu Edinburgh nicht, wie man annehmen würde, „Edinbörg", sondern eher „Edinbarow". Und dann gibt es über die Kulturen hinweg noch gewisse phonetische Hürden. Kaum einer von uns kann Lech Wałesa korrekt (ungefähr: „Wauensa") sagen. Und dass die meisten Chinesen mit dem rollenden „r" so ihre Schwierigkeiten haben und dabei oft auf ein „l" ausweichen, weiß auch nicht jeder. Aus eben diesem Nichtwissen nährt sich folgende Geschichte.

W., ein entfernt Bekannter, fuhr zum ersten Mal nach Thailand. Er schwärmte schon im Voraus von den grandiosen Massagen, die er sich dort verpassen lassen werde. Wohlmeinende Freunde wiesen darauf hin, dass diese in manchen Salons rasch ins Sexuelle gehen können, die Übergänge seien fließend. W. dankte für die Warnung.

Bald darauf fand er sich glücklich in den Händen einer jungen Masseuse. Kundig knetete sie W.s Nacken, Rücken, Waden, Arme und Brust. Nach ziemlich langer Zeit fragte die Schöne: „Pinish?"

Ha!, dachte W., die Warnung stimmte also, mit etlichen Umwegen wolle sich die Masseuse offenbar an seinen Penis heranmachen. „No!", sagte er deshalb kategorisch. Die Dame fuhr geduldig fort und fragte nach einer weiteren Viertelstunde wieder: „Pinish?" In seiner Sittlichkeit ernsthaft bedroht, schrie W. nun förmlich: „No!!!"

Nach fast zwei Stunden hatte er genug, dankte und richtete sich auf. Die Masseuse, sichtlich erschöpft, strahlte über ihr ganzes Gesicht und seufzte erleichtert: „Ah, pinish."

Jetzt erst dämmerte W., dass in Teilen Asiens die Leute Probleme haben, ein „F" auszusprechen und dafür meist ein „P" einsetzen. Er gab der ausdauernden jungen Masseuse ein fürstliches Trinkgeld und verbrachte froh und ungeschändet seinen restlichen Urlaub.

Niki Lauda am 27. Mai 1991 an der Absturzstelle.

Die Läuterungen des Herrn Lauda

Andreas Nikolaus Lauda, Kaltschnauze, Rennlegende und Multiunternehmer. Zum 65. Geburtstag der Versuch einer Bilanz seines bisherigen Lebens.

Es mag so um die zwanzig Jahre her sein, es war Winter in Wien. In einem noblen Lokal sitzen zwei Herren mittleren Alters an einem Fenstertisch. Draußen bemüht sich eine Frau offenbar vergeblich, ihr Auto zwischen zwei Schneehaufen auszuparken, sie tut das zum Gotterbarmen ungeschickt. Da springt einer der beiden auf, läuft hinaus, klopft an die Scheibe, steigt ein, stellt die Kiste in drei Sekunden auf die Fahrbahn und kehrt an den Tisch zurück. Es ist Niki Lauda.

Die kleine Szene ist geradezu beispielhaft dafür, was diesen Mann antreibt. Nicht unbedingt anerzogene Höflichkeit, seelische Empathie oder spontane Hilfsbereitschaft. Nein, es ist für ihn unerträglich, ein lösbares Problem ungelöst zu sehen. Also greift er ein und schafft es aus der Welt.

Dieser Antrieb war wohl ein wichtiger Schlüssel zu Niki Laudas Rennkarriere. Dabei spielte ein physiologisches Dreigestirn die Hauptrolle: Sein Hintern sagte ihm, dass am Auto etwas nicht stimmte, sein Gehirn analysierte, woran es lag. Und die Magengrube war der Arrest für allfällige Angst, dessen Türe sich nur ganz selten öffnen sollte.

Ein sympathieneutraler, kompetenter Rechthaber. Daraus resultierten sowohl Dauerdebatten mit seinen Technikern als auch drei Weltmeistertitel.

Zu Niki Laudas Anfängen 1971 befand sich die Formel 1 in ihrem Mittelalter. Die Piloten sahen zwar nicht mehr so aus, als seien sie soeben der Ölgrube entstiegen, es hatte mit Jochen Rindt sogar schon eine Art Popstar gegeben. Aber es war ein Gewerbe, das nach Sprit, Reifendampf, verbranntem Öl und Blut roch. Allein in den Jahren von Laudas Karriere starben acht Piloten. Viele Teamchefs betrachteten damals die Autos als ihre eigentlichen Produkte, deren Tauglichkeit die Testkarnickel in Overall und Helm bestätigen sollten. Menschliche Kollateralschäden nahm man in Kauf. Dass viele offenkundige Todesfallen an den Strecken beseitigt, weite Sturzräume geschaffen, halbwegs feuersichere Tanks in die Autos eingebaut wurden, ist unter anderem Niki Lauda zu verdanken, der in seiner Zeit als Fahrergewerkschafter hartnäckig darum kämpfte. Und der den Mut zur Angst hatte, wenn die Bedingungen selbstmörderfreundlich waren, doch davon später.

Es war die vordigitale Ära. Heute vermag man eine Rennübertragung kaum noch von Bildern einer Playstation zu unterscheiden. Faktum ist auch, dass zwischen dem letzten Todesfall (Jules Bianchi 2015) und dem vorherigen (Ayrton Senna, 1994) kein Grand Prix-Fahrer in einem Rennen sein Leben lassen musste.

Auch Niki Lauda geriet einmal kurz in das Wartezimmer des Todes: Am 1. August 1976 geschah der Feuerunfall auf dem Nürburgring. Sein Kollege Arturo Merzario zog ihn aus dem verschmorten Wrack. Drei Jahre zuvor hatten Lauda und andere dem verunglückten Roger Williamson nicht geholfen. Von Reporterfragen genervt, hatte er sich sogar zu dem Satz verstiegen, er sei Rennfahrer und kein Feuerwehrmann. Solche Sprüche entstellen einen Menschen zur Kenntlichkeit.

Am Nürburgring begann vermutlich die große Läuterung des Andreas Nikolaus Lauda, die ihn zu dem werden ließ, was er heute ist: eine Popularikone, die über das

Auditorium der Motorsportfans weit hinausstrahlt. Auch jenen Menschen bekannt, die den Zwölfzylinder für eine extravagante Kopfbedeckung für den Opernball halten. Aus einer Rennfahrerlaufbahn wurde ein Entwicklungsroman. Und aus dem siegorientierten Lauda auch ein Meister in der Kultur des Scheiterns.

Die Art, in der er seinen Helm wenige Wochen später wieder auf den noch schrundigen Kopf setzte, die psychische Stärke, die er seiner physischen Verunstaltung entgegensetzte, war eine beeindruckende Botschaft an alle Gestrauchelten, wieder aufzustehen. Aber auch den Mut zu haben, Angst zu zeigen, wenn es objektive Gründe gab: Beim verantwortungslos gestarteten Starkregenrennen im japanischen Fuji stieg Niki Lauda nach zwei Runden aus dem Wagen und verzichtete damit auf den nahen zweiten WM-Titel.

Damit signalisierte er eine Eigenschaft, die im Hochleistungssport verpönt sein mag, der restlichen Menschheit aber als Qualität gilt: Hausverstand. Auch seinen ersten Ausstieg aus der Formel 1 im Jahr 1979 in Kanada begründete er mit dem allgemein nachvollziehbaren Satz: „Ich möchte nicht mehr im Kreis fahren."

Mit der Gründung einer kleinen Airline war ein weiteres Scheitern programmiert. Vermutlich kann man mit so etwas nur ein kleines Vermögen machen, wenn man zuvor ein großes hatte. Und wenn einen die Konkurrenz nicht mit härtesten Bandagen bekämpft. 1982 musste er zurück auf die Piste, um Geld zu verdienen. Zwei Jahre später war aus dem Luft-Pleitier ein Dreifachweltmeister geworden.Zurück in die Luft mit noch größeren Fliegern und dramatisch zu Boden: „Reverser deployed!" waren die letzten Worte des Piloten, bevor die Boeing 767 der Lauda Air am 26. Mai 1991 in den Dschungel Thailands krachte und 223 Menschen in den Tod riss. Niki Lauda reagierte rasch, eilte an die Absturzstelle und übernahm die Verantwortung, bis die Schuld geklärt sein würde. Später bestätigte sich, dass sich die Schubumkehr überraschend eingeschaltet und den Piloten keine Chance gelassen hatte. Die Herstellerfirma reagierte mit einem Umbau in allen Modellen.

Nach Lauda Air kam noch Fly Niki, mittlerweile mit Gewinn verkauft. Und augenblicklich gibt es da die LaudaMotion Bedarfsflugfirma, die sich bisher ganz gut schlägt.

Die Bewältigung diversen Ungemachs ließ Niki Lauda moralisch wetterfest werden. Das kann man am Beispiel seines kommerziell ertragreichen Kappenkults (er ist auch sonst ein echter König Midas) illustrieren: Weder der Parmalat-Skandal noch der latent umstrittene Derzeit-Sponsor Novomatic kratz(t)en am Image des Trägers. Und wenn Lauda in einer TV-Werbung sagt: „Ich hab ja nix zu verschenken“, wird ihm das nicht mehr als realer Geiz, sondern als sympathische Selbstironie ausgelegt. Dass er zusätzlich das Formel-1-Engagement der Nobelmarke Mercedes höchst erfolgreich mitsteuert, bringt ihm in großbürgerlichen Kreisen zusätzlich positives Image.

Selbst seine homophobe Anmerkung zu zwei tanzenden Männern im ORF wurde alsbald von der Meldung überstrahlt, er und seine zweite Frau Birgit ließen die Zwillinge Max und Mia katholisch taufen. Neben Bruder Florian zählt übrigens Birgit zu jenen Menschen, die

Kaltschnauze Lauda eine ungewohnte Gefühlsregung lehrten: Dankbarkeit. Beide spendeten ihm eine Niere.

Niki Lauda ist offenbar einer von diesen Rotwein-Männern; Typen, die mit Alter und Erfahrung weicher und weiser werden. André Heller, Hans Peter Haselsteiner oder Peter Turrini sind Beispiele dafür. Und eben Lauda mit nun 65. – In diesem Sinne: Alles Gute zum Geburtstag, Niki Lauda!

Matura geschafft! Die wahren Prüfungen kommen noch.

Rettet die Welt! Oder wenigstens die Wale

Brief an die Maturanten.
Mit ein paar frustrierenden Fakten.
Aber das Beste kommt zum Schluss.

Liebe Maturantinnen und Maturanten. Ihr, die ihr alles noch vor euch habt, fürchtet euch nicht! Es wird schon klappen, den Maturaball habt ihr ja auch geschafft. Und ihr, die ihr bereits erfolgreich maturiert habt, lasst euch sagen, ihr seid noch gar nix. Ihr wisst ein bisschen was und könnt in der Regel wenig.

Ihr könnt keine Semmel backen, keinen Kurzschluss reparieren, kein Baby wickeln. Das liegt im Wesen dieser merkwürdigen, lebensbestimmenden Prüfung: Einerseits bedeutet sie enorm viel, andererseits befähigt sie zu sehr wenig. – Falls es mir jetzt schon gelungen sein sollte, euch zu frustrieren, lest ruhig weiter, es kommt noch dicker. Und erst gegen Schluss werdet ihr hier gelobt, aber auch das einigermaßen heftig.

Ich weiß, wovon ich rede, ich habe eine schulische Knochenmühle überstanden: Insgesamt 46 Schüler gingen über die acht Jahre durch meine Klasse. Am Ende durften dann gezählte fünf zur Juni-Matura antreten, im Herbst kamen sechs weitere hinzu. Weil ich bis heute nicht glauben kann, dass unter all meinen Kollegen 35 minderbemittelt waren, bleibe ich bei der Behauptung, dass unser Lehrpersonal größtenteils schauerlich gepfuscht hat. Geschlagen übrigens auch – und das sehr professionell.

Also Punkt eins: Seid dankbar! Ihr habt allen Grund dazu. Seid jenen Lehrern dankbar, die sich weit über ihre formale Verpflichtung hinaus um euer Fortkommen bemüht haben, die euren pubertären Faxen mit motivierender Ermutigung begegnet sind. Von denen gibt es sehr viele, sie sind – anders als zu meiner Zeit – längst in der Überzahl.

Seid euren Eltern dankbar, die Bildung offenbar als Wert erkannt haben, die euch nach schlechten Noten getröstet und euch womöglich am vorzeitigen Schulabbruch gehindert haben. Und seid dankbar dafür, dass sie ab und zu mit einem beherzten Griff in ihre oft schmale Geldbörse halfen, den textilen Markenterror zu mildern, dem Heranwachsende, wohl auch ihr, heutzutage ausgesetzt sind.

Seid den Steuerzahlern dankbar, darunter auch manchem kinderlosen Mittelständler, dessen Gehaltsabzug auch dazu beiträgt, dass Österreich ein faktisch kostenneutrales Schulsystem hat. Ein System, das auch jenen unter euch den Weg zur Matura ebnete, deren Eltern sich kein persönliches Schulgeld hätten leisten können. Und halbwegs sicher herumkutschiert haben wir euch auch: mit Öffis oder Schulbussen.

Laut nationalem Bildungsbericht hat jeder von euch die Öffentlichkeit bis zur Matura 85.000 Euro gekostet, damit zählt ihr zu den teuersten eurer Art in Europa. Daran habt ihr sehr wenig Schuld, aber dankbar könnt ihr allemal sein.

Also reißt euch zusammen. Macht etwas aus diesem Geschenk! Lasst es nicht verkommen! Die Matura hat ja eigentlich einen falschen Namen: Reifeprüfung. Mein Gott, wenn ihr schon reif wärt, fielet ihr alsbald vom Stamm und Fäulnis würde folgen. Nein, ihr seid nicht reif, ihr steht in voller Blüte. Genährt aus den oben genannten Quellen, bestäubt mit allerlei Wissen und vielleicht auch mit der Ahnung, wohin es euch zieht. Die bestandene Matura ist eine sperrangelweit offene Tür zur Weiterbildung.

Etwas Bestimmtes tun zu wollen, ist bereits die Vorstufe zur Tat. Hört euch um, hört in euch hinein, findet heraus, wofür ihr echte Leidenschaft entwickeln könntet. Denn jenseits von Image, Gehalt, Status etc., die ein Beruf mit sich bringt, ist Leidenschaft der wichtigste Garant, dass ihr euer Lebtag auch gerne arbeitet. Dass ihr euer Schaffen nicht als lästigen Job empfindet, sondern als unendliches Feld immer neuer Möglichkeiten und Wunder, die ihr selbst eröffnet.

Das ist umso wichtiger, da ihr in eine Generation geraten seid, welcher der Arbeitsmarkt nicht so freundlich und stürmisch entgegenkommt wie mir zu meiner Zeit. Ihr müsst euch auf eine Atmosphäre gefasst machen, in der die ständige Botschaft, jederzeit ersetzbar zu sein, wie Giftgas zischt. Wappnet euch mit dem Wissen, dass ihr zumindest für euer Ziel unersetzlich seid. Arbeit und Leben lassen sich nicht trennen, sie müssen einander ergänzen.

Lasst euch von fallweisen Rückschlägen nicht entmutigen: Die Rolling Stones waren zum ersten Höhepunkt ihrer Karriere pleite, Frank Stronach vor dreißig Jahren beinahe ebenso. Das Erfolgsbuch „Schlafes Bruder“ war von elf Verlagen abgelehnt worden, ehe es Reclam und seinem Autor Robert Schneider einen Riesenerfolg bescherte. Und der Schokolade-Magier Josef Zotter musste erst als Cafetier scheitern, um seine wahre Bestimmung zu erkennen. Nehmt daher jede Niederlage zur Kenntnis, lernt daraus und nehmt die Chance auf den Neubeginn mit Freuden wahr.

Vergesst nicht: Ihr habt die Matura geschafft. Und das gelingt ja nicht mit willigen Steuerzahlern, verlasslichen

Eltern und guten Lehrern allein. Das Zeugnis ist weder eine Trophäe noch ein Glückslos. Es ist der finale Ausweis einer starken Leistung. Ihr habt viel dafür getan. Allein in den Schulen habt ihr rund 15.000 Arbeitsstunden absolviert und dabei Unmengen an Daten und Fakten gesammelt. Vermutlich seid ihr dabei auch durch etliche Müllwinkel reformbedürftiger Lehrpläne getrieben worden, habt nachhaltig unnützes Wissen angesammelt. Ihr habt, dank mieser Bildungspolitik in diesem Land, kumulierte Arbeitsmengen überstanden, die kein Manager akzeptieren würde.

Statt ein kreatives und einigermaßen entspanntes Campus-System ganztags genießen zu können, wurden die meisten von euch im Morgengrauen aus dem Haus gejagt und kurz nach Mittag von der Schule wieder ausgespuckt. Viele von euch waren beim Lernen zuhause allein mit ihren Problemen, weil in Österreich immer noch ein paar geistige Holzköpfe von der Halbtagsgesellschaft fantasieren. Euren Kindern wird es da möglicherweise besser gehen. Und ihr habt nun in einem Monat sieben schwere Prüfungen absolviert, an deren Ende die Matura steht. Das ist schon was.

Also: Träumt kühn! Denkt wild! Fangt gleich einmal beim Undenkbaren an. Schraubt am scheinbar Unmöglichen herum. Seid unangepasst, lasst euch Verrückte nennen, wenn ihr von eurer Sache überzeugt seid. Lasst euch von Zynikern nicht verzagt und von Kleingeistern nicht mürbe machen. Wer stets das Ergebnis im Sinn hat, traut sich oft gar nicht anzufangen. Hätten Bill Gates oder Steve Jobs sich nur an Lehrbuchregeln und vertraute Prognosen gehalten, döste die Welt heute noch in der digitalen Steinzeit. Erfunden wurde der Computer ja schon 1941, wirklich weitergeträumt haben ihn die beiden und ein paar andere.

Fliegt zum Mars, stoppt den Welthunger, findet eine Lösung für die Pflege von uns Alten. Rettet die Welt oder wenigstens die Wale. Aber traut euch etwas zu.

P.S. Herzlichen Glückwunsch zur bestandenen Matura.

Die Barutheela unter vollen Segeln.

Das teure Königs-geschenk

DAMALS hat ein kleiner Schwede
von einem Boot geträumt.

JETZT fährt seine Galeone
durch die Malediven.

Notizen einer Reise. Mit Rückblenden. Und mit Hexen, Fliegenden Fischen, Todesfällen, Sergeanten, Kalmaren und Tonnen von Blei.

JETZT. Ein Morgen auf der Barutheela. Der gläserne Himmel und das völlig stille Wasser verschmelzen nahtlos, kein Horizont ist erkennbar, kein Land in Sicht. Zu schweben scheint das schwere Boot; über einem Boden, der, etwa zwanzig Meter tief, gut sichtbar unter ihm liegt.

Es ist Jagdzeit. Zischend ziehen Barrakudas und Thuns Spuren in die Spiegelglätte des Meeres. Eine Gruppe großer Mantarochen stromert vorbei. Sie wird von einem Riesenschwarm kornblumenblauer Kleinfische begleitet, die in synchronen Schrecksekunden das Wasser peitschen. Immer wieder steigen Fliegende Fische auf und segeln bis zu hundert Meter weit. Den Festlandmenschen erinnern sie an badende Schwalben. Doch hier erproben Wassertiere die süßen Schauder der Luft.

Aus der Schiffsküche dringen Signale der Zivilisation. Der Geruch von Kaffee und frischgebackenem Brot, leise Musik. Lorin Maazel treibt die Wiener Philharmoniker durch die triumphalistischen Schlusspassagen von Gustav Mahlers Zehnter, danach singt Sheryl Crow etwas über den Tag, an welchem Aldous Huxley starb. – Beglückt ergibt sich der Reisende der betörenden Geschlossenheit und Vielfalt dieses kleinen Universums.

DAMALS. Die Geschichte beginnt im Westschweden der Fünfzigerjahre. Lange Nachmittage saß dort der kleine Kaare Nino Holm am Ufer des Schärenmeeres und träumte sich die Boote am Horizont herbei. Er würde eines haben, eines Tages. Sein Leben nahm einen hilfreichen Umweg: Nino ging vom Meer aufs Binnenland nach Wien und studierte Kunst. Als Gründungsmitglied und Keyboarder der Schrillharmoniker „Erste Allgemeine Verunsicherung“ geriet er dann in eines der erfolgreichsten Projekte europäischer Populärkultur. Über tausend Konzerte und mehrere Millionen verkaufte Tonträger sind die vorläufige Bilanz der EAV.

Doch schon Ende 1988 lenkte der Musikant seine Bahn wieder in Richtung Seefahrt. Bei einem standesgemäßen Winterurlaub auf dem Malediveneiland Furana dämmerte ihm und seiner Frau Gundi die These: „Das Begrenzte einer Insel ist ein Nachteil.“ Am Neujahrstag 1989 fiel der Beschluss, das Boot der Träume endlich zu bauen.

Achmed Rasheed, Tauchlehrer und bis heute einheimischer Gewährsmann des Projekts, brachte Hussein Moosa ein, einen pensionierten, einigermaßen wohlhabenden Schiffsbauingenieur, der Ninos Begeisterung für klassische Kähne teilte und befeuerte. „Etwas Interessantes, Behäbiges, Souveränes“ sollte es werden. In Moosas Archiv lagerte gutes Material für das Vorhaben. Der Spantenriss entstand schließlich nach den Plänen einer spanischen Galeone des späten 18. Jahrhunderts. Geplante Bauzeit: knapp zwei Jahre. Budget: rund 180.000 Euro.

Doch wurde es ein längerer, teurerer Weg mit zeitweiliger Nähe zum Albtraum. Gegen die Erschaffung der Barutheela nimmt sich Fitzcarraldos legendäre Bergüberquerung wie ein lustiges Schifferlrücken aus.

JETZT. Im Hafen vor Malé. Die Metropole hat auf eineinhalb Quadratkilometern Platz und ist wahrscheinlich die kleinste der Welt. Drüben auf der flachen Airport-Insel Hulhule scheinen die Touristenjets direkt auf dem Wasser zu landen, ein sehenswertes Schauspiel. Eine Rostlaube namens Fresh Market dampft ein. Sie erinnert an die gar nicht weit von hier gesunkene Lucona. Als mobiles Gemüsegeschäft beliefert sie die fernsten Atolle. Als einmal zwischen Kohl und Karotten auch Kokain gefunden wurde, landete die Fresh Market für ein Jahr an der Kette. Jetzt fährt sie wieder, angeblich in rein vegetarischer Mission.

Die Malediven sind eine islamische Republik. Der stimmgewaltige Muezzin macht es deutlich hörbar. Seine Moschee in Malé wurde mit rund sieben Millionen Dollar aus arabischen Staaten soeben glanzvoll renoviert. Und die beeindruckende Batterie der bei der Einreise beschlagnahmten Whiskyflaschen bei der Zollkontrolle (man bekommt sie bei der Ausreise zurück) lässt wenig Zweifel an der religiösen Praxis.

Doch Maumoon Abdul Gayoom, ehemaliger Universitätsprofessor, UNO-Gesandter und ehemaliger Langzeitpräsident der Inseln, beherrscht auch die Regeln der weltlichen Demokratur: Im Herbst 1988 hatten unzufriedene Geschäftsleute aus Malé ein paar tamilische Söldner angeheuert, die den Flughafen Hulhule kaperten, 14 Tote – darunter keine Touristen – hinterließen, dann aber von indischen Truppen vertrieben wurden. In der Folge erließ Gayoom „aus Sicherheitsgründen" ein generelles Vermummungsverbot, das – zum Unmut einiger Fundamentalisten – den frohen Malediverinnen den geschlossenen Tschador ersparte. (Mittlerweile wird er wieder getragen.) Später sollte sich Gayoom als diktatorischer Machthaber erweisen. Und in jüngster Zeit gewannen von Saudi Arabien finanzierte Fundamentalisten stark an Einfluss, die Toleranzgrenze gegenüber anderen Religionen tendiert gegen Null.

Die Strafgerichtsbarkeit hatte lange Zeit (noch) nichts von den Härten der Scharia: Verbannung ist das zentrale Sanktionsinstrument. Ein deutscher Rucksacktourist, der 1976 seine Freundin hier getötet haben soll, sitzt ganz im Norden auf einer Insel. Der mutmaßliche Mörder ist konvertiert, hat geheiratet und eine Familie gegründet. Alle Auslieferungsbegehren Deutschlands schlugen fehl.

Für kürzere Aufenthalte reichen auch mindere Delikte: Ein maledivischer Journalist, der die Cricket-Künste des Präsidenten ironisch kommentiert hatte, fand sich für drei Monate unter fremden Palmen wieder.

DAMALS. Ziemlich froh war Nino Holm mit Mr. Moosa nach Singapur zum Holzkauf gefahren. Meranti für die Planken, Chengal und Balau für die Konstruktion. Dass dieser erste Schritt auch schon der letzte sein kann, belegt ein verwitterter Edelholzrumpf am Ostrand Malés. Ein italienischer Träumer hatte auf den falschen Partner gesetzt. 100.000 Dollar gingen verloren und das Denkmal eines Scheiterns kam dazu.

Doch schwedische Gelassenheit und maledivisches Unternehmertum nahmen mehr Zeit in Anspruch, um eine ungünstige Chemie zu offenbaren. Am 15. Jänner 1990 wurde auf Mr. Moosas Insel Meedoh der Kiel gelegt: „Ein mörderisches Holzstück, das uns andächtig werden ließ“, erinnert sich Nino Holm heute. Moosas Männer schwangen ihre Dechsel kunstvoll. Flächen, die sie mit dieser Queraxt bearbeiteten, wirken wie fein gehobelt. Doch ein Jahr später gab es erst ein paar Spanten. Fein gehobelt.

Der Musikant war derweilen auf Tournee: „Liebe, Tod und Teufel“ hieß das berühmte EAV-Programm. Die beiden letzteren Begriffe reichten alsbald bis zur Boots-Baustelle: Der Chef-Zimmerer, wie Holm heute sagt „eine bis dahin sehr ausbalancierte Person“, übergoss sich eines Tages mit Benzin und ging in Flammen auf. Die Crew wusste Bescheid: Seine Frau, als Hexe bekannt, hatte ihn verwünscht. Im Spital zu Malé, vermeintlich schon auf dem Weg der Besserung, verstarb der Mann dann plötzlich. Nach dem Besuch seiner Frau.

Der Vormann eines neuen Trupps wurde nach einer Herzattacke mit animistischen Ritualen statt reanimierenden Mitteln behandelt. Er starb, und die verbleibende Mannschaft rieb sich in Intrigen auf.

Mr. Moosas Sohn Ibrahim kam alsdann in Colombo zu Tode. Er hatte den Plausch mit einer deutschen Journalistin unterbrochen, um von seinem Hotelzimmer aus ein kurzes Telefonat zu führen. Ibrahims Rückweg führte über acht Etagen Außenfront. Zuvor waren die Fensterschrauben in dem klimatisierten Raum entfernt worden. Mit Ibrahim Moosas Tod verscholl die bisherige Buchhaltung des Projekts. Erstaunlicherweise tauchte wenig später ein Malediver namens Didi bei Nino Holm auf, der völlig unerwartet 25.000 Dollar retournierte. Doch Meister Moosa selbst hat, wie es Nino gütig ausdrückt, „seinen Lebensfunken nicht mehr wiederentdeckt.“ Man trennte sich. Anfang 1992 waren mehr als drei Millionen Schilling (heute etwa 215.000 Euro) investiert – in einen halbwegs gut geplankten Schiffsrumpf, den der hartnäckige Träumer aus Schweden erst nach Malé und dann, ein paar Monate später, weiter nach Guraidhoo schleppte. – Dort begann der Job erst richtig.

JETZT. Behördlicher Besuch auf der Barutheela. Sergeant Fatah Abdul schließt sich uns an. Er ist Mitte zwanzig, sieht aus wie sechzehn, trägt Shorts und T-Shirt und ist sehr zurückhaltend. Er soll mal kontrollieren, ob unsereiner nicht nackt badet oder, schlimmer noch, Korallen klaut. Später erst wird der Sergeant seine wahre Passion offenbaren.

1195 Malediveninseln, davon 202 bewohnte, gibt es. Sie sind auf etwa 100.000 Quadratkilometern verstreut, ihre gesamte Landfläche entspricht bloß jener der Gemeinde München. Der Einzelreisende hat zu keiner von ihnen freien Zutritt. Ihm bleiben derzeit 87 sogenannte Ressorts, die gemeinhin als bekannt gelten dürfen. Sie alle sind im Besitz des Staates, der sie zumeist um eine Rufiyaa (etwa sieben Cent) pro Palme und Jahr an wohlhabende Malediver verpachtet hat. Für diese wiederum ist die befristete Weitervermietung an Touristikkonzerne ein arbeitsneutrales Riesengeschäft.

Wer auf der Barutheela reist, ist frei. Da in der multinationalen Crew auch Malediver sind, darf das Schiff überall anlegen. An diesem Abend tun wir es vor einer langgestreckten, menschenleeren, sonnenbleichen Sandbank. Sie liegt in der Gegend von Cocoa Island, wo Phil Collins und Boris Becker Palmhüttenurlaub machen. In ihrer smaragdenen Lagune könnte man getrost Kleinkinder spielen lassen. Ihre Rückseite fällt steil ab in ein berühmtes Hammerhai-Revier.

Am abendlichen Feuer gibt sich Sergeant Fatah als Kreativer zu erkennen. Sieben Drehbücher hat er schon verfasst, die allesamt zu Fernsehfilmen wurden. Jetzt werkt er an einem ganz großen Brocken, dessen Titel vorsichtshalber gleich in englischer Sprache kommt: „The Bastard“, ein Drama um Liebe, Eifersucht und Tod.

Fatah verdanke ich einen detaillierten Einblick in die maledivische Filmwirtschaft: „Wir haben kein Studio“, sagt er, „ganz Malé ist unser Studio.“ Fatahs Stamm-Company, die Corona-Film, verfügt über zwei Sony-Kameras und viele abrufbare Teilzeit-Stars. Mancher Bankbeamte der Mini-Metropole ist im Inselreich so berühmt wie Kommissar Rex in Mitteleuropa.

Anders als der romantische Schiffsbau ist das Filmemachen auf den Malediven ein ziemlich sicheres Geschäft: Mit rund 250.000 Rufiyaa (etwa 15.000 Euro) kalkuliert Corona-Chef Abdullah Shujau ein größeres Melodram. Schon zu den ersten Open-Air-Vorführungen im kleinen Stadtpark Malés strömt oft ein Viertel der geschätzten 130.000 Einwohner. Bei Ticketpreisen von umgerechnet 17 Rufiyaa wird bereits hier Gewinn gemacht. Dann wandert der Film über die Inseln und später auch ins Fernsehen. Aber, sagt Sergeant Fatah, Hollywood bleibe doch sein großes Ziel.

Nachdem ich ihm eigennützig enthüllt habe, mit Arnold dem Großen bereits ein paar sinnvolle Sätze gewechselt zu haben, verbringe ich den Rest der gemeinsamen Tage als angesehenster und bestbewachter Maledivengast aller Zeiten. Fatah würde mit mir Korallen stehlen.

DAMALS. Anfang 1993 traf die Desperado-Truppe Barutheela-Dream auf der Insel Guraidhoo ein. Es mag ein Zufall sein, dass ebenda sich auch die Nervenklinik der Malediven findet. Aber mehr schon eine Metapher, dass

Gäste dieser offen geführten Anstalt alsbald am maroden Opus magnum des mittlerweile karenzierten Musikanten mitarbeiteten. Der fand eines Morgens am Strand beim Pinkeln ein Skelett. „Vielleicht ein ehemaliger Schiffsbauer“, habe er ganz unwillkürlich gedacht. Und kaum lachen müssen.

Blei ist kein wirklich komplizierter Stoff. Und 25 Tonnen sind nicht wirklich schwer. Sie sind aber geeignet, an einem Detail die Mühen des Ganzen zu schildern: Da Blei nur schwer und sonst nichts sein muss, hatte Nino Holm zuerst das billigste gesucht und auch gefunden. Schrott aus dem ehemaligen Ostblock. Doch eine menschenfreundliche Passage der Genfer Konventionen verbietet es, der sogenannten Dritten Welt dubiose Ware dieser Art zuzuführen. – Also Rückverkauf und Neuanlauf mit Gebrauchtblei aus Österreich. Doch auch dieser Export scheiterte. So deckte man sich schließlich im steirischen Schwanberg mit Neuware ein. Die wurde dann per Lastwagen nach Antwerpen, von dort per Schiff nach Malé und von dort per Schiffchen nach Guraidhoo gebracht. Rund viereinhalbtausend Euro hat die Spedition gekostet; viel Geld für etwas Ballast.

25 Ein-Tonnen-Trümmer lagen also nun am Strand. Und sollten in 153 ganz speziell geformte Ballaststücke umgemodelt werden. Also kochen. Der Fabrikant aus Schwanberg hatte netterweise auch einen schweren Schmelztopf mitgegeben. Für diesen wurde nun ein Fundament gemauert. Auf drei chinesischen Butterfly-Gaskochern schmolzen neun Leute acht Tage lang rund um die Uhr das Blei zurecht. Vier weitere Wochen lang krochen sie in gerade 50 Zentimeter hohe Kavernen im unteren Schiffsbauch, um die Gussstücke sinnvoll zu montieren.

Nino Holm ist ein bedächtiger, fast langsamer Mensch, dessen wesentlichste Stärke die Beharrlichkeit ist. Und diese bewegt auch Tonnen von Blei über den Globus.

JETZT. Schwereloses Schweben ist der Lohn für alle, die mühselig und beladen waren. Nino Holm gleitet neben mir über ein besonders schönes Riff. Es ist wie fliegen, jedenfalls dann, wenn man nicht in Rekordtiefen herumgründelt oder sich von rabiaten Strömungen wie dem Embudu-Express spaßeshalber durch die Gegend fegen lässt.

Die maledivische Korallenwelt lässt vermuten, dass Charles Darwin die explosive Variationsbereitschaft der Natur noch unterschätzt hat. Etwa 200 Arten wachsen in anmutigen und bizarren Formen. Hyazinthen, Kohlköpfe, Blutgefäße, Gehirne oder auch das klassische Labyrinth lassen sich erkennen. Tiefblaue Mördermuscheln, prächtige Picasso-Drückerfische (die Mirós heißen sollten), neugierige Muränen, der eine oder andere kleine Hai, behäbige Barsche sind zu sehen. Und immer wieder auch mal große Schildkröten, deren entschwerte Leiber ganz besonders fliegend wirken.

Die unbegreifliche Verdichtung von so viel Schönheit versetzt einen in friedliche, erholsame Demut. Wenn man kein schwedischer Träumer ist, dann preist man nicht das Schiff, dann feiert man die Orte, an die es einen bringt.

DAMALS. Auf Guraidhoo näherte sich die Fron dem Ende. Zeitweilig hauste die ganze Holmfamilie, Gundi, Lisa, Josef, Nino, auf der Baustelleninsel. Es gab Fischcurry, Fischcurry und manchmal Fischcurry. Nino durchstreifte Schiffsfriedhöfe in Bombay, sammelte Messingbullaugen, antike Positionslampen und Türgriffe. Aus dem steirischen Wald, unweit des letzten Wohnsitzes von Ex-Kaiserin Zita, holte er die beiden Tannen, die jetzt Masten sind. Aus Schweden stammen die beiden Volvo-Penta-Motoren, die das Schiff bei Flaute treiben. Die Segel kamen aus Hongkong, Möbel aus Sri Lanka, Tauwerk aus Triest, der Tauchflaschen-Kompressor aus Deutschland. Ein maritimer Alleskönner namens Hagen Zurl sprang im Finish bei.

Längst navigierte der Schiffsbauer finanziell nicht mehr in eigenen Gewässern. Barutheela bedeutet auf Dhivehi Königsgeschenk, was bei Endkosten von rund 850.000 Euro doch ein Euphemismus ist. Eine vertrauensvolle Bank hielt mit. Nicht der Romantik, sondern des ROI, des Return of Investment, wegen. Geld selbst träumt nicht.

„Kürbis" nannten die Einheimischen die Barutheela wegen ihrer ungewohnten Form. Und mancher Dhoni-Kapitän prophezeite dem Galeonen-Besitzer, sein Gefährt werde zweifellos bald als Wrack im Dienste der Tiefseeforschung stehen.

Doch ist die Prognose außer Kraft: Die Barutheela, ein ansehnliches Gesamtkunstwerk aus Holzarbeit, Edelmetall, Technik und Kindertraum, befährt die Malediven und wird allseits bestaunt. Und von Tauchern aus aller Welt auch gut gebucht.

JETZT. Ein Abend auf der Barutheela. Der Koch Andreas hat marinierten Snapper und Kokos-Spaghetti serviert. Manager Mario mixt Cocktails auf Wunsch. Und der australische Kapitän Robert bereichert auf die Frage, ob er noch Nachtisch wolle, das etymologische Wörterbuch um die bedeutende Wendung: „Abso-fucking-lutely yes!“, was als uneingeschränkte Zustimmung gedeutet werden darf.

Mit Bakuru, dem Fischer und Bootsmann, fahre ich im Dhoni hinaus zu einem Riff. Im Licht der Lampe schwirrt eine Million kleiner Fische. Sie formieren sich zu einem kreisenden Wirbel, der alsbald panisch wirkt.

Der Grund hiefür taucht aus dem Dunkel der Tiefe: Zwei Kalmare, etwa einen halben Meter lang, beziehen Stellung. Hier sehen sie so anders aus als ihre gallertigen Leichen beim Fischhändler. Wie müde Marodeure beobachten sie scheinbar nachlässig den Abwehrtanz ihrer Opfer. Dann, gar nicht hastig, stoßen sie zu. Zwei-, dreimal fressen sich satt und verschwinden wieder im Dunkel.

Bakuru hat alle Lampen gelöscht und manövriert das Boot mit Instinkt durch die nächtliche See. Im tiefen Wasser schimmert hell das Plankton. Myriaden fluoreszierender Partikel gaukeln dem konzentrierten Betrachter einen Blick ins Weltall vor. Verstört wendet er sich um und schaut nach oben. Auch der Himmel scheint zu schwanken, Tausende Sterne und die Milchstraße sehen aus wie Plankton.

Oben könnte unten sein. Und unten oben.

Wer jetzt nicht weiterfragt, darf in der Mitte eines Universums ruhen.

EPILOG: Später lief die Barutheela auf ein Riff und wurde danach an einen Malediver verkauft. Der setzte das Boot wieder zusammen und verkaufte es an einen deutschen Investor. Heute liegt die Barutheela als schwimmende Bar vor einer Insel.

Ein beispielloser arabischer Reformer: Sultan Quabus ibn Said

Im Reich des guten Sultans

Der Oman ist eine Insel in der unruhigen Welt des Islams. Und ein Beispiel dafür, dass auch Despoten gute und nachhaltige Politik machen können.

Am Ausgang des Souk von Mutara. Eine Frau im Tschador zückt die Fernbedienung. Die Lichter eines Mercedes SLK blinken gehorsam. Sie steigt ein und fährt ziemlich rasant davon. – Eine kleine Szene, die für den Oman paradigmatisch ist. In manchen Teilen Pakistans würde sie dafür gesteinigt, in Saudi Arabien immerhin verhaftet, im Reich des Sultans Qabus ibn Said ist eine Frau hinter dem Lenkrad gelebter Alltag.

Die jüngere Geschichte an der Ostflanke der Arabischen Halbinsel beginnt im Juni 1970. Nach vier Jahren an der britischen Kadettenschmiede Sandhurst, nach weiteren vier des Politik- und Islamstudiums und einer mehrmonatigen Weltreise sieht der damals 30-jährige Prinz seine Zeit gekommen: Mit ein paar Gefolgsleuten erklärt er seinen despotischen Vater Said ibn Taimur für abgesetzt. Der ballert sich aufgeregt mit einer Mauser-Pistole in den eigenen Fuß und wird nach ärztlicher Erstversorgung nach London verfrachtet. Zwei Jahre später stirbt er dort im noblen Dorchester Hotel.

Zuhause krempelt Qabus die Ärmel hoch: Er beendet den Bürgerkrieg gegen den Jemen, führt sein isoliertes Land in sämtliche relevante internationale Institutionen und löst manche bis dahin scheinbar unlösbare Konflikte durch Konzilianz. Dank der ersten Ölkrise schwappen unverhoffte Großeinnahmen in die Kasse. Sultan Qabus investiert sie rigoros in Bauten, Bildung und Infrastruktur. Drei Schulen hatte es unter seinem Vater gegeben, heute sind es 6000, die privaten nicht mitgerechnet. Und während anderswo schon im Pflichtschulalter gebührenbedingt Sozialschranken hochfahren, dürfen omanische Grundschüler mit einem monatlichen Staats-Taschengeld von 10 Rial (rund 20 Euro) rechnen.Haben sie es dann bis an die Universität geschafft, bekommen sie 150 Euro. Gut drei Viertel der Studierenden sind weiblich, die Männer streben eher gleich in diverse Jobs. Zumal hier niemand Steuern zahlt und die medizinische Versorgung staatlich gewährleistet ist, reicht es auch weniger Gebildeten zum Leben.

Die mittelalterliche Herrschaft von Said ibn Taimur hat eine bis heute klaffende Bildungslücke in der omanischen Gesellschaft hinterlassen. In qualifizierten Berufen stellen Ausländer die Mehrheit, ein moderates Quotensystem soll eine „Omanisierung" fördern. Zu sehen ist diese erst einmal äußerlich: Gegenüber den urbanen Krebsgeschwüren Kairos und den architektonischen Tollheiten Dubais hat der Oman eine fast niedliche Baukultur. Die meisten neuen Häuser im Großraum der Hauptstadt Maskat, der seit 1970 von sieben auf 3000 Quadratkilometer angewachsen ist, weisen eine traditionsnahe Stilistik auf. Mehr als fünf Etagen sind Privaten nicht erlaubt, weiß ist die Standardfarbe. Dazu kommt eine öffentliche Sauberkeit, die man sonst südlich von Belgrad nirgendwo findet. Und eine Bevölkerung, in deren drei islamischen Glaubensrichtungen das Nebeneinander von Burka und Bikini zumindest bisher kein massiveres Problem zu sein scheint. Omanis sind eher leise und sehr freundlich.

Öl und Gas werden nicht ewig reichen, rund 40 Jahre noch, schätzt man. Also sorgt Sultan Qabus vor: Die Landwirtschaft, meist auf die über hundert Sorten von Datteln beschränkt, wird massiv gefördert. Und der Tourismus forciert. Auch dieser wirkt, trotz riesiger Hotelkomplexe, eher sanft. Dazu tragen das überwiegend fernöstliche Personal (700.000 Gastarbeiter gibt es im Oman), aber auch der weitgehende Verzicht auf lärmige Discos oder Wassersportarten bei. Der dreiteilige Shangri La-Komplex in Barr Al Jissah zum Beispiel ist ein Mekka für Urlauber mit Kindern. Der Geräuschpegel alldort übersteigt jenen eines Provinzfreibads dennoch nie. Zudem bieten sich Reisen ins Landesinnere an. Autobahnen auf breiten, effektiv gebauten Trassen führen zu spektakulären Lehmbauten und rund 500 Festungen. So benötigt man für die 180 Kilometer von Maskat nach Nizwa auch bei strikter Beachtung des Tempolimits von 120 km/h tatsächlich nur exakt eineinhalb Stunden. Etwas langsamer, allradgetrieben, erreicht man himmelhohe Sanddünen, schroffe Bergzüge und liebliche Oasen.

Sultan Qabus ist allgegenwärtig. Der gute Despot im Mutterland des Weihrauchs stellt sein Licht nicht unter den Scheffel. Die von ihm gestiftete Sultan Qabus-Moschee, die allergrößte von insgesamt 14.000 im ganzen Land, ziert ein 21(!)Tonnen schwerer Teppich, an welchem 600 Iraner vier Jahre lang geknüpft haben sollen. Erleuchtung bietet ein immerhin acht Tonnen schwerer Luster, den die Glaskünstler der österreichischen Firma Swarovski geliefert haben. Qabus' Konterfei hängt in Büros und Restaurants und ziert jeden Geldschein. Und in der heimischen „Times Of Oman“ schafft es jeder kleine Erlass des Sultans auf die Seite eins. Einmal im Jahr bereist Qabus wochenlang sein Reich bis in die kleinsten Dörfer, um selbst zu hören, wo mögliche Probleme liegen, aber auch, um allenthalben gute Vorschläge aufzunehmen. „Open Parliament“ wird das im Diplomatenjargon genannt.

Zumindest von außen besehen und nach einem Blick auf die Homepage von Amnesty International scheint der Monarch auch im eigenen Land hoch geachtet. Widerstand wird kaum registriert, Terrorakte sind (bisher) ausgeblieben. Der 75-Jährige hatte sich nach kurzer kinderloser Ehe scheiden lassen und zeigte sich seither – zumindest öffentlich – nie mehr mit einer Frau. Aber selbst über seine Nachfolge, von Teilen des Volkes herbeigefürchtet, hat Qabus mit maximaler Weisheit entschieden: Sein Testament werde einen von ihm empfohlenen Sultan nennen, ließ er den Staatsrat wissen. Danach habe das Gremium drei Tage Zeit, selbigen zu akzeptieren. Gelinge das nicht, müsse der Staatsrat eben einen eigenen Kandidaten ausfindig machen und wählen. – Das nennt man wohl postmortale Demokratie.

Von Himmel und Licht gesegnet: die Weizbergkirche.

Vom kalten Eck zum Garten Eden

Wie die Oststeiermark, einst am Ende der wünschenswerten Welt, ein Paradies der Sinnesfreude wurde.

Das Taufgeläut für die moderne Oststeiermark kam von einem Bohrturm. Irgendwann Mitte der 1960er-Jahre stand er in der Nähe von Fürstenfeld. Wir hatten so ein Ding zuvor nur in amerikanischen Filmen gesehen. Sein Bohrgestänge klang wie Kirchenglocken. Angeblich suchten sie nach Öl.

Gefunden haben sie dann nur heißes Wasser. Dessen Wertschätzung war vorerst gering. Nicht umsonst lautet eine oststeirische Umschreibung für das totale Nichts: a Schaaß und a woarms Wossa.

So musste einige Zeit vergehen, bis der vernachlässigte Bodenschatz in seinem wahren Wert erkannt wurde. Thermalquellen, mittlerweile an mehreren Orten entdeckt und angebohrt, lieferten den Treibstoff zur Entwicklung jener Oststeiermark, die wir heute kennen: eine bukolische Region voll heilsamen Wassers und prall von anderen leiblichen Genüssen. Dank fehlender früher Infrastrukturirrtümer einigermaßen lieblich und mit einem fast behutsamen Tourismus gesegnet.

Das war nicht immer so. Jahrhundertelang war die Gegend ein geschundener Einfalls- und Abzugsort fremder Horden und Armeen. Awaren, Kuruzzen, Türken rasten über sie hinweg. Am 4. September 1782 verdunkelte ein Heuschreckenschwarm den oststeirischen Himmel und hinterließ verwüstete Felder. Und im Frühjahr 1945, kurz nachdem abrückende SS-Mörder ihre letzten Gefangenen auf Todesmärschen massakriert hatten, fiel die Rote Armee ein und blieb bis auf Weiteres.

Manch kleine Helden aus der Zeit großer Schrecken sind heute vergessen. Etwa Herr T., Vulkaniseur von

Beruf und Kommunist aus Überzeugung. Ihm ist zu verdanken, dass nach dem mysteriösen Tod eines sowjetischen Soldaten eine Vergeltungshinrichtung von drei Dutzend Oststeirern unterblieb. Sein Wirken blieb weitgehend unbedankt, er ist mir zweifach in persönlicher Erinnerung: Weil er erstens mit zwei Frauen zusammenlebte und zweitens einmal meine geliebten Hans-Hass-Flossen mit fachkundiger Hand repariert und mich aus tiefster Verzweiflung geholt hat.

Frau K., eine burschikose Fürsorgerin, erzählte mir glaubhaft, noch mit der sogenannten Fischkur gekämpft zu haben. Dabei ging es um rustikale Heilversuche an moribunden Säuglingen. Man legte den fiebernden Kleinen einen lebenden Fisch auf die Brust und wickelte sie fest ein. Überlebe der Fisch die nächsten Tage, so sagte man, sei es um das Baby geschehen. Sterbe das Tier indes, gebe es seine Lebensenergie an den kleinen Menschen weiter. Von überlebenden Fischen ist nichts bekannt, wohl aber beschrieb Frau K. mit unverbrauchtem Grausen, wie solche Packungen nach ein paar Tagen gerochen hätten. Weil die Nazis dieses Prozedere später verboten, hielt meine liebe K. sie für modern.

Auch meine Oststeiermark war knapp nach dem Krieg ein eher dunkles Land. Im Ort musste das trübe Neonlicht genügen, um die schiere Existenz einer Ansiedlung anzudeuten. Die Schaufenster der ländlichen Kaufhäuser schlossen mit Sonnenuntergang ihre Augen. Die Bierschilder an den Wirtshäusern waren noch aus emailliertem Blech. In den stockdunklen Wäldern um Feldbach wüteten monatelang die Fladnitzer Mörder, eine Bande bäuerlicher Burschen aus der Region, die ihre Opfer vorzugsweise erst umbrachte und dann ausraubte und nächtens die eigentlich liebliche Gegend zur No-go-Area machte. Regelmäßig versagte bei Gewittern das lokale Stromkraftwerk. Den Nachthimmel durchsichelten Blitze, und nicht selten darauf folgte der Feuerschein brennender Anwesen, der sekundenweise unseren Schrecken beleuchtete. Und die sturmgepeitschte Regennacht, in der vom Schloss Kapfenstein aus mit dem großen Büffelhorn Erdrutsch-Alarm geblasen wurde, werde ich nie vergessen.

Als ob das alles noch nicht genügt hätte, einen Landstrich mit einigermaßen kleinmütigen Menschen zu schaffen, meinte es auch die Weltpolitik nicht gut mit den Oststeirern: Zum einen versperrte der Eiserne Vorhang mit all seinen Minenstreifen und Elektrodrähten den Weg nach Ungarn. Und an der südlichen Grenze patrouillierten die jugoslawischen Grenzer mit Kalaschnikows und Hunden. Manchmal haben wir ihnen schüchtern zugeprostet oder es mit einem „Dobar dan!" versucht. Meist ohne sichtbare Reaktion. Entlang dieser Linien fühlte man sich am Ende der wünschenswerten Welt. Speziell der Blick auf die ungarischen Wachtürme hatte etwas ungeheuer Bedrückendes.

Wir waren ein geopolitischer Eiswinkel an einer Flanke des Kalten Krieges. Nein, es war kein Land, wo Milch und Honig flossen. Kein Ort, an dem man sich bei ganzer Seele sonnen hätte können.

Und dennoch gab es auch immer wieder herzerwärmende Episoden: In meinem Heimatort lebte in den Fünfzigerjahren Sepp B. Er war eine Mischung aus Haldodri, Leistungstrinker und Strauchdieb. Nach unbefugter Aneignung einer Kuh durfte Sepp die eben neu eingerichtete Anhaltezelle (mit Toilette und Dusche) der Gendarmerie einweihen. Jahrzehnte später, als aus dem kleinen Dorf ein schmucker Markt geworden war und aus dem flotten Sepp ein unterstandsloser Pleitier, erbarmte sich unser damals sehr junger Bürgermeister Hermann Z. des alten Strolchs und quartierte ihn im mittlerweile nicht mehr benötigten Gemeindekotter ein, wo er noch ein paar relativ komfortable Jahre verbringen durfte.

In den Achtzigerjahren begann etwas, das sich sehr gut anfühlte und bis heute nicht zu Ende ist. Das eingangs erwähnte warme Wasser wurde seinem eigentlich Zweck, der Belebung von Menschen, zugeführt. Die Therme Loipersdorf wurde eröffnet, brannte ab, um noch prächtiger wieder zu erstehen. Blumau, Bad Waltersdorf und andere folgten. Heute sind die Thermen ein enorm bedeutender Wirtschaftsfaktor der Oststeiermark.

Vielleicht ist es kein Zufall, dass diese Entwicklung von zwei musikalischen Großerfolgen begleitet wurde: Das Trio S.T.S. brachte den Song „Fürstenfeld“ (Josef Jandrisits/Schiffkowitz) heraus und landete damit einen Megahit: Gleich im ersten Durchgang gingen in Österreich, Deutschland und Südtirol 140.000 Singleplatten, damals die Leitwährung der Musikindustrie, über die Ladentische. S.T.S. wurden zur höchst lebendigen Legende.

Im Jahr darauf gelang der Band Opus, ebenfalls großteils in der Oststeiermark tätig, mit „Live Is Life“ der wohl einzige wirkliche Welthit aus Österreich. Die Nummer ist bis heute zwischen Moskau und Caracas, Shanghai und Los Angeles zu hören.

Hinter beiden Erfolgen stehen kleine Anekdoten: S.T.S. hatten 1984 wegen chronischer Erfolglosigkeit bereits ihre Auflösung geplant. Und „Live Is Life“, bei einem Konzert im burgenländischen Oberwart gespielt, wäre beinahe nicht aufgenommen worden, weil dem Produzenten das Tonband ausgegangen war. Die Band bestand darauf und spielte es noch einmal als Zugabe.

Im Bereich der volkstümlichen Musik stürmten die Brüder Willingshofer alias Stoakogler aus Gasen plötzlich die deutschen Hitparaden. Sagenhafte 45 Alben standen in ihrer Bilanz, als sie 2011 ihre Bühnenkarriere beendeten.

Dieser Vorstoß des Oststeirischen nach Europa und in die Welt war wie eine Vitaminspritze in Sachen Selbstvertrauen. Und obwohl es noch ein paar Jahre dauern sollte, bis auch die vereisten Staatsgrenzen auftauten, fegte eine Welle von Optimismus und Innovation durchs Land. Viele, deren Talente schon früher im Geheimen geschlummert hatten, traten ans Licht.

Zum Beispiel der Kleinbauer Franz Gsellmann in Kaag bei Feldbach. Er hatte jahrelang am Versuch eines Perpetuum mobile gebastelt. Entstanden ist dabei ein mehrere Kubikmeter messendes, elektrisch betriebenes Werkl, das Spielzeuge, Hula-Hoop-Reifen, Heiligenfiguren, Klingeln, Pokale, Glühbirnen, Handsirenen etc. zu einem Hochaltar des Zweckfreien summiert. Vom Erbauer ohne falsche Bescheidenheit „Weltmaschine“ getauft. Jahrelang hatte seine rustikale Nachbarschaft über den angeblichen Idioten gespottet, dann tauchten Journalisten und Fernsehteams aus Deutschland auf, der Großschriftsteller Gerhard Roth nahm sich des Projekts an.

Und Gsellmann war klug genug, sein Werk als zauberhaftes Monument der Vergeblichkeit zu akzeptieren. Er starb in Frieden und hinterließ seinen Nachkommen mit der bis heute gegen Gebühr zu besichtigenden Weltmaschine ein verlässliches Einkommen.

Auch am anderen Ende der gesellschaftlichen Skala regte sich Unternehmergeist: In Stubenberg staute man die Feistritz zu einem Badesee auf, auf dem Österreichs erste Windsurfer umherglitten und der bis heute ein populäres Freizeitareal geblieben ist. Und in der Nähe begann Graf Otto von Herberstein, Nachkomme eines bedeutenden Adelsgeschlechts, mit der Anlage eines Tierparks. Der Graf verstarb früh; dass Herberstein heute ein Vorzeigezoo mit allerlei Exoten ist und sich auf dem zauberhaft gepflegten Schlossgelände ein Bruno-Gironcoli-Museum befindet, ist vor allem seiner Witwe Andrea Herberstein zu verdanken.

Allerdings blieben diese Initiativen lange ein Fleckerlteppich. Besonders der bis auf die Riegersburg attraktionsarme Südosten suchte nach einer Dachmarke. Dieser Teil der Steiermark hatte keine Berge, kaum Wein, keine Urwälder, Wasserfälle oder Augebiete anzupreisen. Was also tun?

Ein paar kluge Köpfe rund um den Regionalpolitiker Josef Ober dachten daran, dass etliche Hügel der Region Relikte feuerspeiender Berge sind. Und schon war der Begriff „Vulkanland“ geboren. 79 Gemeinden schlossen sich in der gemeinsamen Absicht zusammen, ökonomisch und kulturell gewinnbringend und nachhaltig zusammenzuarbeiten. Was trotz einiger Schlaglöcher auf dem Weg ziemlich gelungen ist.

Starke Treiber des Vulcano-Konzepts sind vor allem einzelne Genussmittelerzeuger, allesamt sture Köpfe mit freifliegender Fantasie. Als mittlerweile Erfolgreichster von ihnen gilt Josef Zotter, Chocolatier in Bergl bei Riegersburg mit Stores in Wien und Deutschland und einer zweiten Produktion in Shanghai. Seit mehr als zehn Jahren mischt Zotter erstaunliche Zutaten wie Spargel, Käse, Speckkrusteln etc. in seinen Fairtrade-Bio-Kakao. Seine relativ kleine Fabrik zu besichtigen ist ein Erlebnis, für das sich an manchen Wochenenden Tausende anstellen. Und um des Meisters Begabung zur Selbstironie zu illustrieren, gibt es auf dem Gelände auch den „Friedhof der guten Ideen". Dort setzt Josef Zotter mit Grabsteinen jenen seiner Schokosorten ein Denkmal, die mittelfristig gefloppt sind.

Nur wenige Kilometer entfernt destilliert Alois Gölles seit Jahren feinste und hochpreisige Obstbrände. Um die Jahrtausendwende verfiel er auf die Idee, sich auch an hochwertigen Essigen zu versuchen. Nachdem in der ersten Auslieferungssaison mehr als die Hälfte der edelsauren Produktion dem Erzeuger wieder zurück ins Haus gekommen waren, sagte sich Herr Gölles: Jetzt erst recht! Heute ist er einer der erfolgreichsten Essigkomponisten Österreichs, seine Produkte finden sich aber auch in Deutschland und der Schweiz in edlen Geschäften.

Ja und die Schweinebeine! Gourmets debattieren, ob der „Vulcano" des Auersbacher Schinkenpioniers Franz Habel, von langsamer Reifung und starkem Marketing getragen, der beste ist. Oder nicht doch der Trautmannsdorfer „Erzherzog Johann" von einer freilaufenden Duroc-Kreuzung oder gar der Burgauer „Labonca" vom glücklichen Sonnenschwein, das darüber hinaus auch ganz behutsam geschlachtet wird. Oder überhaupt der unvergleichliche Lardo von Krispels ebenso freilaufenden Wollschweinen? Alle vier Produkte sind jedenfalls starke Argumente gegen den Umstand, jedes Schwein müsse ein armes Schwein sein.

Oben bei Fischbach machen sie wieder das traditionelle Grubenkraut. Bei Birkfeld verfeinert Herr Kulmer allerlei Salmoniden so genial, dass sie ihm aus der Hand gerissen werden. Und die Pucher Kapuzenmänner zelebrieren ihren Abakus genannten Apfelschnaps wie ein geheimer Orden einer höheren Form von Berauschung. Und mittlerweile produzieren auch etliche Oststeirer einen Wein, der mit den fabelhaften Kreszenzen der Südsteirer durchaus mithalten kann. Dazu kommt jede Menge Eingemachtes: Hollergelee aus Straden, Reh- und Hirschpasteten aus Maria Eichkögl, Schwarze Nüsse aus Walkersdorf. Haselnuss- und zwei Dutzend andere Öle kommen vom Fandler aus Pöllau. Das serpentingrün schimmernde Kürbiskernöl gibt es fast überall; die Oststeirer haben entdeckt, dass es auch mit Vanilleeis fantastisch gut schmeckt. Und auf dem Burgauer Biohof Labonca durchwühlen glückliche Freilaufschweine das Gelände.

Von all den Köchen, die mit heimischen Grundprodukten herrliche Speisen zaubern, seien hier zwei stellvertretend für alle erwähnt: der blutjunge Harald Irka, der in der Stradener Saziani Stub'n die oststeirische Variante der skandinavischen Haute Cuisine zelebriert. Kühn kombiniert er Flusskrebs mit Petersilwurzel, Limette und Rhabarber. Oder Rote Rüben mit Süßholz, Schwarznessel und Senf. Mit derzeit zwei Gault-Millau-Hauben scheint er fast unterbewertet zu sein. Und Hans-Peter

Fink, ehedem Maitre im Wiener Hotel Sacher, der in Walkersdorf bei Ilz vorführt, wie grandios und preiswert österreichische Klassik gekocht werden kann. Sein Tafelspitz und das Wienerschnitzel sind kulinarische Benchmarks. Sein Beuschl ist eine kulinarische Wunderwaffe gegen die öde Filetgesellschaft.

Die Oststeiermark ist zum Périgord Österreichs geworden. Und eines Tages werden hier auch Trüffeln wachsen.

Wer neben diversen Genüssen auch literarische Erbauung sucht, könnte zum Beispiel den Weiler Markt Hartmannsdorf ansteuern und alldort den Literaturbrunnen aufsuchen. Aus diesem hübschen Ort stammt nämlich der Film- und Bühnenstar, langjährige Salzburger Jedermann und Doyen des Wiener Burgtheaters Peter Simonischek. Treu, wie er ist, kommen er und seine Frau Brigitte Karner immer wieder; die beiden haben den Hartmannsdorfern sogar den mittlerweile hoch beliebten Autorenwettbewerb „Wortschatz" beschert. Diese wiederum revanchierten sich mit der Errichtung eines sogenannten Literaturbrunnens in der Ortsmitte. Er enthält von Peter Simonischek und Brigitte Karner gelesene Lyrik, die der Besucher auf Knopfdruck abrufen kann. Und übrigens: Der Gasthof Huber gleich gegenüber ist auch nicht übel.

Inbegriff eines Klassikers: die Coca-Cola-Flasche.

Sehnsucht nach einem Stückchen Ewigkeit

Die wahren Klassiker sind unfruchtbar und neue werden nur selten geboren.

Goethe wusste bekanntlich auf alles eine Antwort. Gefragt, was einen Klassiker ausmache, beschied er, dieser müsse schön, rein, edel, klar und über den Augenblick hinaus beschreibbar sein.

Der Begriff führt ja ein geradezu fürstliches Dasein. Wer ihn ausspricht, hebt oder senkt, je nach Neigung, seine Stimme. „Das ist ein Klassiker!" – Probieren Sie es selbst aus. Im Namen des Klassikers werden selbst für Kopien überhöhte Preise verlangt und Museen mit Elektrorasierern, Sesseln, Besteck oder Zitronenpressen bestückt. Aber es werden auch lähmende Erscheinungsformen damit entschuldigt. Denken Sie an Prince Charles, vom Scheitel bis zur Sohle die Inkarnation des Begriffs. Da passt das sarkastische Diktum des ehemaligen österreichischen Politikers Peter Kostelka, der einmal sagte: „Klassisch ist die vornehme Umschreibung von Fadesse."

Sehen wir es einmal dialektisch: Ein Objekt, das zum Klassiker wird, kann gleichermaßen Bereicherung und Kreativbremse sein. Es kann zu neuen Taten anregen oder regelrechte Blockaden auslösen. Nehmen wir die Coca-Cola-Flasche: Sie ist über hundert Jahre jung, und kein anderes Limonadengebinde kann es mit ihrer barocken Anmut aufnehmen. Pepsi, Fanta & Co wirken dagegen wie Kate Moss gegen Botticellis Schaumgeborene Venus.

Im Bereich des Sitzens stehen ein paar mächtige Monumente herum, an denen die Zeit vorbeigegangen zu sein scheint. Zum Beispiel die kubischen Fauteuils von Le Corbusier, die in nicht enden wollenden Auflagen nachgebaut werden. Oder die grandiosen Knotzkuhlen von Ray und Charles Eames, die bis heute visuell eine Freude und ergonomisch eine Droge geblieben sind. Ihr langes Leben, ihr Anspruch auf den Begriff Klassiker nährt sich aus ihrer unvergleichlichen Benutzerfreundlichkeit.

Beide Modelle wurden zu Vorfahren einer stattlichen Anzahl ähnlicher Modelle, von denen manche geglückt und manche grässlich sind. Selbiges gilt übrigens auch für den exotisierenden Egg Chair von Arne Jacobsen.

Dass Brauchbarkeit kein Muss für die Heldenhalle des Designs ist, illustriert hingegen der berühmte Lehnstuhl von Gerrit Rietveld. Ein sperriges kleines Ding, bestehend aus 13 Vierkanthölzern, zwei Latten und zwei Brettern. Das rot-blau-gelb-schwarze Objekt schmeichelt den Augen weit mehr als dem Rücken, darum ist es auch häufiger in Museen als in Wohnzimmern zu finden. Ein Klassiker aber ist es allemal, und so will ihn mancher einfach nur besitzen, statt in ihm zu sitzen.

Ein Anspruch, der im Schuhhandwerk nicht ausreicht. Zumal dir ein rahmengenähter Budapester oder ein Paar Lobbs, Ferragamos oder Rudolf Scheers auf Schritt und Tritt signalisieren, dass sie gescheit gebaut sind, haben nur jene Modelle eine Klassiker-Chance, in denen man auch gut geht. Hier, wie sonst fast nirgendwo, gilt die oft schmählich vernachlässigte Designregel: Form follows function. Dass die ungleich leidensfähigeren Damen sich mit stockhohen Manolos oder High Heels von Jimmy Choo abquälen, ist wieder eine andere Geschichte. Zumal ich über keinen Butler verfüge, der mir anfangs etwas bockige, dafür aber langlebige Schuhe zureitet, fanden sich bei mir nach einem Tag in eben gekauften Schuhen abends große Wundmale auf beiden Fersen. Als Jahre danach der Film „Der Teufel trägt Prada“ herauskam, wusste ich, warum das so war: Diese Schuhe sind für Engel wie mich nicht geeignet.

Ich habe mich nie wirklich als Lable-Victim gefühlt. Eine Ahnung davon bekam ich aber in Gymnasiumszeiten doch. Blue Jeans zu tragen war eine Grunderfordernis, um nicht für einen überangepassten Bravi gehalten zu werden. Da spielte die Marke dann doch eine Rolle. Jacksons waren Jacksons, Wrangler ging passabel durch, Levis galt als die Benchmark. Bis Heinz, der damals schon aussah wie der junge Steve McQueen, mit einer Lee daherkam. Schmaler Schnitt, damals schon etwas stonewashed, ultracool! Dass meine Freundin G. alsbald zu Heinz überlief, habe ich zu einem nicht geringen Teil diesem magischen Beinkleid zugeschrieben.

Es lohnt auch, sich in der Autobranche nach Klassikern umzusehen. Dort sind sie bekanntlich eher selten. Daimler England, Bentley und natürlich Rolls Royce haben in stoischer Ruhe Jahrzehnte darauf vertraut, als bewährte Klassiker nur mäßigen Innovationsbedarf zu haben. Während auf dem Restmarkt geradezu seuchenartig die Innovitis tobte. Kurz bevor die Marken beinahe sanft entschlafen wären, nahmen sich die Deutschen ihrer an. BMW führte den traditionsfixierten Rolls Royce in die Gegenwart. Volkswagen erinnerte Bentley, wo man nur noch übermotorisierte Carellos für Milliardäre baute, an seine sportliche Vergangenheit. Man gewann seit Langem wieder einmal in Le Mans und stellte mit dem Continental GT einen der kräftigsten, aber auch dezentesten Sportwagen in den Markt.

Dass einem der eigene Klassiker zum Mühlstein werden kann, musste man in den frühen Achtzigerjahren bei Porsche erkennen: Nachdem der unverwechselbare 911er aus der Hand des Salzburgers Ferdinand Porsche zwei Dezennien im Dienst war, versuchte man sich an alternativen Modellen. Bei echten Aficionados stießen der billig wirkende 924er und der bauchige 928er auf höhnisches Gelächter, und so konzentrierte man sich in Zuffenhausen unverzüglich wieder auf den 911er.

Wirkliche Klassiker sind unfruchtbar oder stülpen sich der Kreativität wie ein Kondom über. In über zwei Jahrtausenden wurde keine überzeugende Alternative zu den ionischen, dorischen oder korinthischen Säulenkapitellen gefunden. Sie fristen in klassizistischen Bauten ebenso wie in verspielten Gartenhäusern ihr offenbar ewiges Leben.

Niki Lauda, wie stets präzise und knapp, nennt Klassiker „von Menschen geschaffene Werke, die den Menschen überleben". Womit wir bei der wichtigsten Sehnsucht nach Klassikern angelangt sind: In einer sich schneller als je verändernden Welt, in der Hightech und Bling-Bling manchmal kaum unterscheidbar sind, in der Horden von Early Adopters Produkte aus der Verkäuferhand reißen, die meist erst in ihrer dritten Generation halbwegs brauchbar werden, gibt es auch einen Bedarf an Bestand, an Innehalten. Und auch den zutiefst menschlichen Wunsch, etwas möge perfekt gelungen sein. So, als hätte es ein Gott selbst gemacht, einer, der seine Schöpfung ja auch nicht nachjustiert. So perfekt, dass in ihm ein Stück jener Ewigkeit zu erkennen ist, die uns so hartnäckig verwehrt bleibt.

Ein Fischer am Strand von Pilunkuly.

Im Land der Wunden und Wunder

Im indischen Kerala kommt der Besucher aus dem Staunen nicht heraus.

Südöstlich von Kovalam Beach. Das Hotel Travancore Heritage, etwa 40 Meter über dem Fischerdorf Pulinkuly, ist eine Anlage mit Hibiskus, Papayasträuchern, Bambus, Palmen. Die Bungalows zitieren die hiesige Bautradition und bestehen teilweise aus uraltem Holz. Der Blick aufs nächtliche Meer lässt eine schwimmende Kleinstadt vermuten. Ist es ja auch: Hunderte Fischer kooperieren da draußen miteinander.

Um halb sieben am Strand. Auf den Salzwiesen erknabbern sich etliche Kühe ihr karges Frühstück. Daneben suchen Streunerhunde nach Bissen, die Lufthoheit haben die Krähen und Schwarze Milane. Auf einem kleinen Fußballfeld wird schon gekickt. Gut fünf Dutzend Fischerboote liegen am Strand, der Zwischenhandel beginnt an der Bootskante und geht nicht viel leiser als an der Wall Street ab. Männer und Frauen, die Kisten und Bottiche voll Fisch abschleppen. Oben im Dorf werden riesige Eisblöcke gehackt, die Fische in die Splitter gebettet und ins Landesinnere transportiert. Hier ist der Strand Gewerbegebiet, Kleinindustriefläche mit Nebenerscheinungen wie jeder Menge Müll und – mangels Toiletten – menschlichen Exkrementen. Ärgernis für den klischeesuchenden Touristen, Überlebenszone für Tausende Bewohner. Insgesamt geht eine der 33 Millionen Keralis dem Fischerhandwerk nach. Tendenz: stark sinkend.

Wer tropisch kuscheln will, dem stehen hier unzählige Ressorts offen, die meisten von ihnen bieten ayurvedische Wohltaten aller Art an. Deshalb ist Südindien zu einem Lieblingsziel europäischer Gesundheitstouristen geworden, die viel Geld ins Land bringen. Es wird ihnen auch gerne abgenommen. Beispielsweise, wenn sie auch unter Palmen online bleiben wollen. Manche Hotels verlangen für eine halbe Stunde W-Lan umgerechnet drei Euro, für den ganzen Tag werden bis zu 25 Euro fällig. Und das in einem Land, das sich als IT-Nation geriert.

Jahrzehntelang wurde Kerala als einziger Bundesstaat Indiens kommunistisch regiert. Und nach einem kurzen Intermezzo ist auch jetzt wieder ein Linksbündnis an der Macht. Erstaunlicherweise sehr zum Wohle seiner Bürger. Es gibt ein vergleichsweise geringes Elend dank Landreform, weiters eine hohe Lebenserwartung und eine Literatenquote von 94(!) Prozent. Während im indischen Durchschnitt laut Statistik 7,5 Prozent aller sieben- bis 14-Jährigen arbeiten müssen, sind es in Kerala gerade 1,5 Prozent. Der überwiegende Rest geht zur Schule.

Auch religiös tickt Kerala anders: 55 Prozent Hindus (indienweit: 80 Prozent), 27 Prozent Muslims und 18 Prozent Christen leben, von einzelnen Zwischenfällen abgesehen, weitgehend friedlich nebeneinander.

De jure herrscht hier übrigens ein Nichtraucherschutzgesetz, das New York und Kalifornien zu Nikotinparadiesen degradiert: Demnach ist Rauchen prinzipiell überall verboten. In öffentlichen Gebäuden sowieso, aber auch auf der Straße, in Parks oder am Strand. Einzig in manchen offenen Cafés und Restaurants finden sich Aschenbecher, vor allem für Touristen gedacht. Erstaunlicherweise halten sich fast alle daran. Hin und wieder hat einer eine Zigarette in der hohlen Hand und pafft sie verstohlen unter ständiger Beobachtung seiner Umgebung.

70 Kilometer südlich. Kokosnüsse, Bananen, Reis,

Marktstände ohne Ende. Ein fruchtbares Gebiet mit offenbar pulsierender Mikrowirtschaft. Und dann liegt da ein Toter auf den Schienen der Regionalbahn: „Es gibt so viele Selbstmorde hier“, sagt Driver Simble, „sehr viele Leute überleben nur von Kredit zu Kredit.“ Wenn dann die Ernte nicht zum erwarteten Preis verkauft werden kann, muss mancher auch Privatkredite mit bis zu zwanzig Prozent Zinsen aufnehmen, um die Bankschulden abzutragen. Und daran kann man leicht verzweifeln.

Allein in Kerala wählen im Tagesdurchschnitt 26 Menschen den Freitod. Damit das seltener geschehe, tagt nebenan in Madurai soeben ein Anti-Suizid-Kongress. Unter anderem wurde dabei auch erörtert, ob homöopathische Anwendungen von Nutzen sein könnten, diese soziologische Wunde zu lindern.

Land der Gegensätze. Dieses Klischee erfüllt sich. Palmdachhütten, Jamanwada-Windenergiepark mit Hunderten Windrädern, wenige Kilometer davon Pyramiden aus Lehm für händischen Ziegelbrand; Wäscherinnen am Fluss, technische und medizinische Colleges in Sichtweite. In derselben Zeitung, die ein detailliertes Uni-Ranking bringt und eine Diskussion mit Henry Kissinger ankündigt, findet sich ein Bericht über einen sogenannten Ehrenmord an einem Mädchen, das in einen jungen Dalit, einen Unberührbaren, verliebt war. „Das Kastenwesen hat mich zum Atheisten werden lassen“, sagt Mahesh, unser lokaler Führer. Er wird nicht der einzige Gottlose bleiben, der uns begegnet. Während soziale Gepflogenheiten wie die arrangierte Hochzeit fest verankert zu sein scheinen – wir trafen keinen, dessen Frau nicht von den Eltern ausgesucht worden wäre –, verlieren Indiens zahllose Götter zusehends an Kundschaft.

Zurück zu irdischen Fakten. Auf der Straße lässt sich's günstig speisen. Für Cola, Sprite, Milchbrotweckerl werden in Summe 10 Rupien, das sind 17 Cent, fällig, in lokalen Restaurants kommt ein köstlicher Curry-Lunch samt Bier auf vier Euro. Für Driver Simble ist es dennoch kein leichtes Überleben. Umgerechnet 110 Euro verdient er im Monat, dazu kommen 3,50 Euro pro Tag für Essen und Nächtigung, wenn er mit Touristen unterwegs ist. Das ist zumeist sieben bis acht Monate im Jahr möglich. Vor allem die Aprilhitze und der Sommermonsun minimieren den Besucherstrom.

Aber er beherrscht sein Handwerk. Sanft, aber zügig lenkt er seinen Toyota Innova durch den mobilen Dschungel. Verkehr in Indien ist totaler Shared Space. Erlaubt ist, was geht. Enge Kurven oder Gegenverkehr kein Grund, nicht zu überholen. Zumindest auf den Landstraßen geht das alles bei relativ geringen Geschwindigkeiten ganz gut ab. Die überlebenswilligen Teilnehmer dieses vermeintlichen Chaos auf Rädern scheinen mit rätselhaften Codes zu kommunizieren. Wer derer nicht kundig ist, hat keine Chance, denn ihm fehlt, was der Reiseschriftsteller Andreas Altmann das „Chaos-Gen" nennt. Indien ist definitiv kein Land für westlich geübte Selbstfahrer.

Wirklich Tempo machen die Busse, Feuerwehr ohne Blaulicht. Die Strecke Periyar – Kochi misst 200 km und kostet rund zwei Euro. Da ist das Wetteifern um das Aufsammeln von Passagieren durchaus sinnvoll. Einzig wirksames Regulans sind die überaus häufigen Schwellen, die auch hemmungslose Raser in den zweiten Gang zwingen und im besiedelten Gebiet sicher schon viele Leben gerettet haben. Warum man hierzulande Dörfler nicht damit schützen darf, wissen Gott und der ÖAMTC allein.

Was der ordnungsgetrimmte Mitteleuropäer in Indien erlebt, mag ihm auf den ersten Blick als Durcheinander erscheinen. Tatsächlich aber ist es ein Neben-, im günstigsten Fall sogar ein Miteinander. Modellhaft ist der hinduistische Tempelbetrieb, wunderbar zu erleben im großen Meenakshi-Tempel in Madurai. Eigentlich ist es ein ganzer Bezirk, fünf Hektar groß, von skulpturbeladenen Türmen umstanden. Bis zu zehntausend Fromme finden sich täglich dort ein, sind in persönlicher Anbetung versunken, flanieren durch die Gänge oder beobachten eine der zahllosen Hochzeiten. Der hinduistische Götterkosmos ist riesig und in Kürze nicht zu beschreiben. Nur so viel: Es gibt Gottheiten für und gegen fast alles, Schöpfer, Zerstörer, Helfer. Auch hier definiert Vielfalt das große Ganze.

Der Gewürzgarten ist sensorisches Märchenland. Endlich ist man dort, wo der Pfeffer wächst. Und dann darf man noch an den anästhetisierenden Stängeln der Gewürznelken knabbern, an der Rinde von Zimtbäumen kratzen oder sehen, wie unendlich mühsam das Curry-Leitgewürz Kardamom geerntet werden muss. Auf der Hauptstraße fährt eine Motorrikscha mit zehn Säcken Kardamom zu je 75 Kilo vorbei, pro Kilo augenblicklich 65 Euro wert. Macht in Summe rund 50.000 Euro. Seine Pflückerinnen müssten über 50 Jahre pausenlos arbeiten, um diese Summe zu ersparen. Das nennt man Marktwirtschaft.

Dennoch wähnt sich der Besucher stets in Paradiesnähe. Die Schönheit der Menschen Keralas ist eine Landschaft für sich. Und das permanente Lächeln und Winken eine freundliche Brise. Vielleicht ist das auch die einzige Strategie für 33 Millionen Menschen, die auf der Fläche Niederösterreichs und der Steiermark zusammenleben müssen. Statistisch gesehen sind das 760 Menschen pro Quadratkilometer. Vor allem die unterschiedlichen Religionen schaffen in Indien immer wieder lokale Konflikte, deren Urheber nicht immer leicht zuzuordnen sind. Dass über eine Milliarde Menschen dennoch in der Regel friedlich koexistieren, ist ein gesellschaftliches Wunder. Dazu passt auch eine Studie von Ipsos Global, der zufolge Inder und Indonesier zu den subjektiv glücklichsten Menschen des Erdenrunds zählen. Russen, Ungarn und Südkoreaner besetzen die andere Seite der Tabelle und fühlen sich am unwohlsten.

Zu den schönsten Siedlungsplätzen Südindiens zählt das Lagunensystem zwischen Alleppey und Kochi. Palmenhaine säumen für indische Verhältnisse saubere Kanäle. Sie sind voll von Fischen und Muscheln. Aus den Schalen Letzterer wird Kalk für den Hausbau gewonnen. Nahe den Ufern stehen Frauen bis zur Taille in der Flut und verrichten Wascharbeiten. Dazwischen erstrecken sich weiträumige Reisfelder mit Scharen weißer Reiher. Über dem Wasser jagen Weihen und Eisvögel.

Auch der Tourismus boomt: Seit der Norden und damit auch die Hausboote in Srinagar gefährlich geworden sind, haben die Kerali dieses Geschäft entdeckt. An die tausend umgebauter Lastkähne und Reisbarken kreuzen mittlerweile durch die Lagunen, was zumindest auf den breiteren Kanälen für ein beträchtliches Verkehrsaufkommen sorgt. Für den Besucher bietet sich aber dennoch eine ideale Plattform, Land und Leute mit

Distanz und doch ganz aus der Nähe betrachten zu können. In der luxuriösen Variante steht einem allein so ein Kahn zur Verfügung, mit Kapitän, Koch, Deckchairs und Doppelbett. Ankert man dann noch nächtens in der Nähe eines Tempels, sind abends und im Morgengrauen weithin schwebende Musikelemente und fragile Trommelfuriosi möglich.

Auch der sonst allgegenwärtige Müll ist hier etwas weniger dicht gesät. Indien erstickt förmlich in Plastik. Ähnlich wie im Europa der frühen Siebzigerjahre hat sich noch kaum jemand an die Unverrottbarkeit der meisten Kunststoffe gewöhnt. Aber es gibt erstes Bewusstsein und erste Aktionen. In manchen Regionen wird für Altplastik bereits bezahlt, bei Kottayam haben Fischer Schlagzeilen gemacht, die mit Hunderttausenden Plastikresten und etwas Bitumen ein Straßenstück saniert haben. Die Regierung will nun prüfen, ob sich dieser neue Asphalt bewährt und massenhaft herstellen lässt. Auch gibt es neuerdings einen Anreiz für die Allerärmsten, sich als Müllsammler zu betätigen. Die Regierung bezahlt für ein Kilo Altplastik umgerechnet sieben Cent.

Während rollende LKW-Ruinen und Millionen von Zweitakt-Rikschas unvorstellbare Schadstoffmengen ausstoßen, fährt Driver Simble mit seinem fast neuen Toyota brav zum Abgastest. 500 Rupien hat es ihn gekostet, als er den letzten hatte ausfallen lassen.

Trotz der dichten Besiedelung durchziehen Reste der Wildnis ganz Indien. Nicht nur in zahllose kleine Reservate gefasst. Und immer wieder kommt es zu Konflikten mit den Menschen. Nicht alle verlaufen so tragisch wie jener, der kürzlich nahe der Großstadt Coimbatore stattfand: Auf dem Heimweg aus einem Spital wurde ein Vierjähriger in Begleitung seines Vaters von einem Leoparden angefallen. Der Mann verfolgte das Raubtier in den Busch, konnte aber nur noch die Leiche seines Sohnes bergen. Den lokalen Zeitungen war das gerade einmal einen Zweispalter wert, so etwas passiert halt.

Ja, und die indischen Kühe. Sie wandern die Strände entlang, stehen an den turbulentesten Kreuzungen der Städte oder durchstreifen die Palmenhaine des Hinterlandes. Stets für kleine Häppchen zu haben, aber nie gierig, Herolde eines Gleichmuts, den man für sein eigenes Leben adaptieren könnte. Tröstliche Symbole dafür, dass alles seinen Gang gehen kann, wenn man bloß ein bisschen mitgeht.

Vom 2250 Meter hoch gelegenen Ort Ooty führt eine schmale, spektakuläre Serpentinenstraße hinunter nach Mudumalai. Aus dem fast alpinen Bereich gelangt man nahezu übergangslos in eine Buschsavanne. Elefanten und Sambarhirsche kreuzen. Unter einer Brücke flaniert einer jener grimmigen Kragenbären, von denen erst jüngst einer im Reservat Periyar einem einheimischen Buschguide das halbe Gesicht weggerissen hat.

Unten im Mudumalai herrscht indisches Idyll total. Frauen in bunten Saris waschen am Fluss. Wenige Meter daneben assistieren Mahauts ihren Elefanten beim Morgenbad. Ein Fischadler jagt, die allgegenwärtigen Affen spähen nach Essbarem. Wer diese Momente erleben darf, erkennt, dass die Wandlung positiver Klischees zu schlichter Wirklichkeit große Glücksgefühle auslösen kann.

Aber dieses Indien vergeht. Selbst der flüchtig Durchreisende sieht allerorten Zeichen einer ökonomischen Explosion. Alles ist in Bewegung, vom Kleinstgewerbler bis zu den Großinvestoren. Kaum sonst wo auf der Welt kann man die kollektive Anstrengung zu überleben oder besser zu leben eindrucksvoller beobachten als hier. In den Städten hat die Menge an Laptoprucksackträgern markant zugenommen. Man bewegt sich durch ein brodelndes Labor; um die zehn Prozent beträgt das aktuelle Wirtschaftswachstum pro Jahr. Namen wie die des Autobauers Tata oder des Stahlmagnaten Mittal zählen zum globalen Wirtschaftsadel.

Exponentiell gewachsen ist indes auch die Korruption. Keine Zeitung, in der sich nicht ein Bericht über einen neuen Fall fände. Benjamin Pereira, auch ein Touristguide, erklärt uns das System: „Wer einen der begehrten öffentlichen Posten möchte, muss einen Politiker schmieren. Dafür nehmen die meisten einen Kredit auf. Und um diesen abzuzahlen, nimmt dann auch er Schmiergeld, so einfach ist das." Die angesehene Times of India nannte kürzlich die Korruption „das schlimmste Krebsgeschwür unseres Landes." Auf der Transparency-Liste liegt Indien auf Platz 76 von 174 untersuchten Ländern. Und damit immerhin vor Bosnien, Russland und der Ukraine.

Es scheint, als gehe es mit Indien langsam, aber unaufhaltsam aufwärts.

Frido Hütter

Geboren am 3. August 1950, wuchs im oststeirischen Markt Hartmannsdorf auf. Frido Hütter lebt in Graz und arbeitet häufig in Wien. Und anderswo. Mittlerweile ist er Kleine Zeitung-Autor zu verschiedensten Themen. Er ist verheiratet, Vater einer Tochter und Großvater eines Enkels.

BILDUNG: Matura in Gleisdorf, Studium Medizin, Englisch, Geschichte (abgebrochen) und Pädagogische Akademie in Graz.

KARRIERE: Nach einem Jahr als Lehrer an einer Landschule führten Leidenschaft und Arbeitswelt nachhaltig zueinander.
Gerfried Sperl holte den damaligen Rock- und Pop-Experten in die Redaktion der Kleinen Zeitung. Dort profilierte er sich als Medien- und Kulturjournalist. Beide Ressorts leitete er seit den Achtzigerjahren bis Februar 2013, er war auch Mitglied der Chefredaktion.

FACTS: Mehr als 7000 Kommentare zu Medien, Kultur & Politik, diverse Reportagen und Essays.

Reisen und Berichte: Nepal, Japan, Togo, Benin, Tansania, Komoren, Indonesien, Malediven, Ecuador, USA, Kanada, Russland, Malaysia,

China, Südafrika, Kamerun, Vietnam, Grönland etc.

Beiträge: Neue Zürcher Zeitung, Die Zeit, Die Presse, Stuttgarter Zeitung, Reisemagazin, Ö1, 3SAT, RAI, BBC, Radio Mosambik etc.

Livemoderationen: Peter Turrini, Claus Raidl, BP Heinz Fischer, Elke Heidenreich, Alfred Gusenbauer, Andreas Altmann, Ursula Strauss, Hugo Portisch, Erika Pluhar, Heide Schmidt, Peter Simonischek, Christoph Ransmayr, Hannes Androsch, Johanna Rachinger, Peter Pilz, Barbara Coudenhove-Kalergi, Veit Heinichen, Angelika Kirchschlager, Andre Heller, Lukas Resetarits, Julia Stemberger, Wolfgang Bock, Harald Krassnitzer, Erwin Steinhauer, Marion Mitterhammer, Norbert Bolz, Adele Neuhauser, STS, Robert Menasse etc.

Gastlektor: FH Joanneum, Universität Klagenfurt, Universität Zürich im Lehrgang Master of Cultural Business Administration.

Juror: Romy, Nestroy Preis, Undine, Diagonale-Schauspielpreis, Mountainfilm Festival.

Preise: Maecenas 2004 für MorgenSterne, Bank Austria Kulturpreis 2011, Österreichischer Kulturjournalist der Jahre 2006/07, 2008/09, 2011/12.

Danke an Susanne und Gerhard für die geliehene Stille.